本能性格
人生通關全書

比九型人格、MBTI更核心的性格型態，搞懂人性底層邏輯輕易化解困境

國際九型人格學會認證導師
裴宇晶——著

高寶書版集團

目錄
CONTENTS

第3章 三種本能類型的婚戀關係

第4章 三種本能類型的親子關係

目錄
CONTENTS

第6章
職場中的三種本能類型

第7章
本能類型的健康層級

目錄
CONTENTS

前言

讀懂性格，讓關係不治而愈

我是一位研究九型人格十多年的老師，十幾年裡我只教這一門課，我開的公司也只研究九型人格。也許你會好奇，到底是什麼力量促使我十幾年如一日地研究和傳播九型人格？它到底有多大魔力呢？我想先談談我寫這本書的初心。

1 只懂不愛，越愛越痛

我是一個透過性格解讀不同心靈的翻譯，十多年來，無論是在課堂上還是在諮詢中，當我運用本能性格成功化解了無數婚戀和親子關係衝突時，發現本能性格對促進關係和諧具有強大的推動作用。當他們彼此看見、理解、懂得的那一刻，一切誤解都煙消雲散。我不禁感嘆，如果本能性格的智慧能普及大眾，也許能大大降低如今居高不下的離婚率，提升千家萬戶的幸福指數。這是我寫這本書的初心和使命感，也是核心動力。

我們常說：懂比愛更重要！**實際上，懂比愛更難得。「愛」有時候是本能，而「懂」需要智慧！**

在我的課堂上、諮詢中，我見過太多伴侶、親人因為性格不同而衝突不斷。他們曾經因愛相互吸引，後來卻因差異相互排斥。當我們學習了九型人格體系中的本能性格，就會知道，其實誰都沒有錯，只是性格不同，表達愛的方式不同。越是親近的人，付出越多，期待也越多，都覺得自己是那個受傷的人。

所以，「懂比愛更重要」。多少人不是不愛，而是不懂；只愛不懂，就會相愛相殺。世界上最大的痛苦也許不是生離死別，而是我為你付出一切，卻讓你傷痕累累；你為我犧牲一切，卻讓我痛不欲生。

誰都渴望幸福，而高品質的關係對個人幸福來說是關鍵因素。夫妻關係、親子、摯友、閨蜜、合夥人等這些重要的關係，直接影響著我們的幸福指數。我看到很多夫妻透過學習本能性格才懂得和好如初，很多父母和孩子打開了多年的心結，很多曾經有裂痕的朋友、同事、合夥人，也因為懂了性格而彼此理解，敞開心扉、坦誠溝通、重歸於好。

2 理解創造慈悲

如何化解關係衝突？最大的祕密就是「看見」。看見即理解，理解即和解。然而，做到「看見」並非那麼容易。我們往往會對父母、伴侶、孩子有很多自以為是的固化認知，甚至包括對自己，實際上，即便朝夕相處，我們也並沒有自以為的那麼瞭解自己和我們的至親至愛。

每個人都活在自己的頻道和模式裡，習慣了以自己的視角去看待他人和這個世界。很多時候，我們以為做到了換位思考、在為他人著想，然而，如果沒有看見性格頻道的差異，也只是站在自己的角度揣度他人，效果並不明顯。

所以，很多人，包括我們的至親至愛，打著「為你好」的旗號做著感動自己的事情，如果對方不領情，就覺得很委屈。看似是付出，實則是破壞關係。因為我們沒有真正「看見」對方。每個人的性格是不同的，但還是會有人說「我知道他就是這樣的性格，但我依然很生氣」，這不是真正的理解。

那麼，什麼是真正的「看見」？本能類型會告訴你答案。學習了本能類型，我們會理解一個老實本分、踏實可靠的男人為何會小氣，因為他會在關鍵時刻拿出家底為你解決燃眉之急，他所有的小氣摳門都是為了留給家庭充足的保障；我們會理解一個整天忙於工作不回家的人不是不顧家，他是在以他的方式為家庭付出，他在社會上為家人搭建了更大的人脈資源網……每種本能類型的人都在以自己的方式對他人好，也都在以自己的方式衡量他人對自己的好。所有的誤解都是源於不懂，一旦懂得了，就會發現所有的模式背後都是基於愛。

「理解創造慈悲」。因為看見，所以理解，看見彼此的那一刻，我們恍然大悟：「原來你竟然與我有如此大的不同」、「原來你是這樣理解我的愛的」、「原來你一直很愛我」……此時，真正的理解和接納就發生了，所有的關係衝突也就冰釋。

3 沒有性格不合，只有性格不同

十多年的九型人格教學、諮詢與研究，我總結出一句話：沒有性格不合，只有性格不同。

世界上沒有兩片完全相同的樹葉，沒有兩個性格完全相同的人。我們因為欣賞彼此性格的亮點而相互吸引，又因為無法接納彼此性格的缺陷而相互排斥。有人說，要和相似的人在一起，也有人說，要和互補的人在一起。學習本能類型，我們會發現，沒有哪兩種性格完全契合，也沒有哪兩種性格絕對不合。兩個人性格的差異，有時是互補，有時是衝突。因此，所有的關係模式都有和諧與衝突兩種情況，都有高品質和低品質，都有吸引和排斥，都有昇華和墜落。

學習本能類型的目的，不是要你找到性格相合的伴侶，而是幫助伴侶、親人、朋友在愛的基礎上理解彼此，看見彼此，因愛而懂。不同性格的人只需要真正深入地相互看見，彼此理解，就一定能化解關係衝突，提升關係品質。

4 自我成長是改善關係的核心

唯有個人成長，才能促進關係和諧。在任何關係中，「我」是一切的根源。覺察自我、改變自我，是一切關係改善的核心。

一旦深入探索自我，你會發現，本能類型既彰顯了你的性格優勢，也揭示了你的性格局限。在沒有覺察的時候，你固有的性格模式會伴隨你一生，你會一次次重複類似的經歷，總是在同一個地方跌倒，總是因為類似的事受傷害。

學習本能類型的目的，是拓寬我們的內在心靈，超越認知模式，而不是為了對付、搞定對方，學會所謂的人際溝通技巧。我們只有從心靈深處看到自己和他人性格模式的差異，精準讀懂不同性格所表達的愛，才能從根本上克服關係障礙。

每一次關係衝突，都是一次回看自我的機會。每一次情緒起伏，都能說明我們看見自己性格模式的執著和偏頗之處。每一次的「看見」，都會鬆動固有的性格模式，轉換和拓寬認知頻道，說明我們跳出被性格限制的認知，從而完成關係的整合，同時也完成自我內在的整合。

從根本上說，個人成長是關係和諧的重要前提，關係和諧是個人成長的檢驗。因此，這本書不僅是一本講解關係溝通的應用書，更是講解個人覺察的成長修行書。

最後，期待這本書能夠幫助萬家燈火的幸福，啟迪個人成長的修行。

5 本能類型的前世今生

接下來要介紹本書的主角：本能類型。那麼，什麼是本能類型呢？實際上它是大九型人格體系中重要的一份子，如果說九種人格類型是一個人性格的靈魂層面，那本能類型更

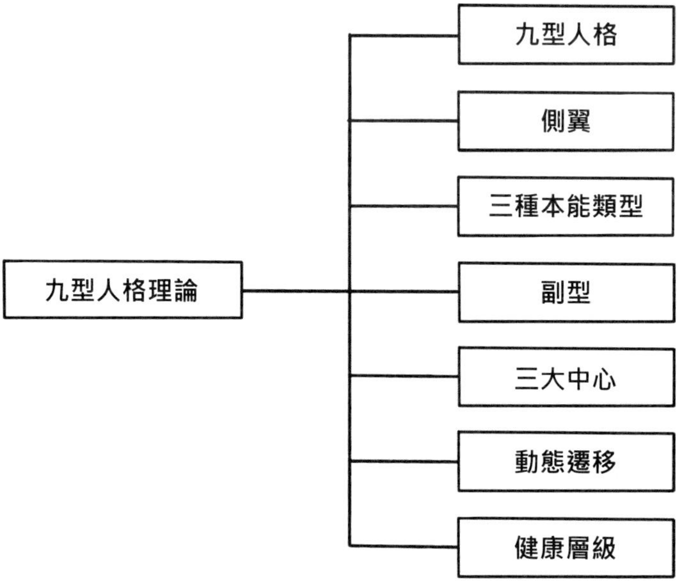

像性格的肉身層面，因為它基於本能。

十多年來，我專注於大九型人格體系的理論研究和應用實踐，創立了九芒星九型人格體系，這是一個「大九型人格體系」，包括了九種主型、三種本能類型、側翼、副型、動態遷移、健康層級、三個中心等等。

現代九型人格理論體系的創始人奧斯卡・伊察索（Oscar Ichazo）首次提出人類有三股重要能量或本能，具體對應人類現實生活中的三個領域——自我保存、性、社群關係，即影響人類行為的三種「本能」——自我保存本能、性本能和社會本能。

後來奧斯卡・伊察索的學生克勞狄

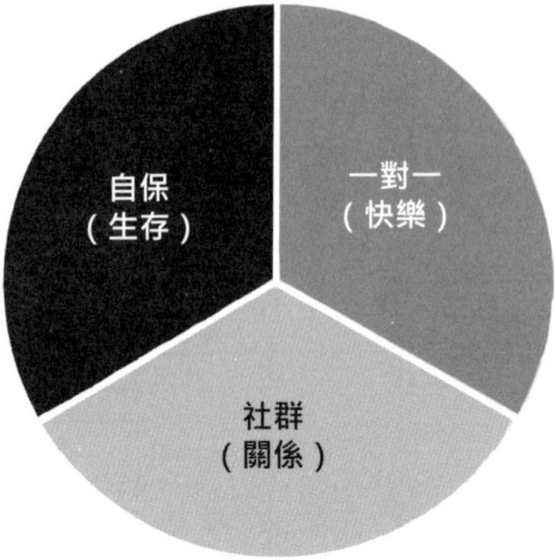

亞・納朗荷（Claudio Naranjo）進一步說明這三種本能之所以被稱為本能，是因為它們是由「身體本能」驅動的，是個體肉身求存的三種智慧能量，「生存、快樂與關係」分別對應著自保型、一對一型和社群型，追求生存、快樂和關係。

世界九型人格大師唐・理查（Don Richard）和魯斯・哈德森（Russ Hudson）認為，自保、一對一和社群這三種本能類型乃是人類機體天生的自然能量或衝動的象徵。認識三種本能對於瞭解人的性格是非常重要的，因為這三種本能的驅力會對我們的性格產生深遠的影響。

另一位世界九型人格大師海倫・帕爾默（Helen Palmer）認為，三種本能分別對應著三種不同的焦點：自我生存、社會關係及情感關係。

生存涉及個人的自我生存，社會關係反映個人與集體、與他人的關係，情感關係則專注於一對一的人際關係和情愛關係。

因此，三種本能的不同注意力分支導致了我們在處理自我生存、社會關係及情感關係時的不同，對我們的人際關係有重大影響。

九型人格大師們之所以研究三種本能類型，是為了更精確地描繪九型人格，伊察索和納朗荷將三種本能類型和九種主型結合，提出了二十七種副型，豐富和完善了九型人格體系，使九型人格對人性的描繪更加精準。

正如世界九型人格大師唐．理查和魯斯．哈德森在《九型人格》書中指出，「關於本能類型的文獻資料很概括，有時還充滿矛盾，到目前為止，還沒有形成連貫的理論體系。因而，我們沒有投入太多的時間和精力去探究它們，但我們對它們存在的有效性已經深信不疑，並希望能在不久的將來更充分地探討它們。」

世界積極九型人格專家蘇珊．羅德斯（Susan Rhodes）在《積極的九型人格》一書中描述本能類型的術語還不統一，有的叫「副型」，有的叫「本能變體」或者「本能副型」，她則稱其為「副型領地」。綜上，我們在這本書稱為「本能類型」或者「本能性格」。

因此，可以說，獨立於九型人格的本能類型研究在世界範圍內還並不充分和成熟，然而三種本能類型無論在識別性和應用性上都比九種人格類型更有優勢，並能快速地研判人們的工作、生活、關係和個人成長。因此非常有必要對三種本能類型做進一步系統的研究。

儘管三種本能類型的理論早已存在，然而基本上都是探討三種本能和九型人格結合產生的二十七種副型，九型人格資深愛好者都知道二十七種副型，卻對與九型人格構成二十七種副型的三種本能知之甚少。

實際上，自保、一對一、社群這三個本能類型是一個相對獨立的分類體系，可以完全獨立於九種人格類型單獨探討，然而，目前關於三種本能類型的理論與應用研究還相當不充分。因此，這本書把「三種本能性格」作為獨立模組，進行了理論性、系統性、應用性的研究，是目前中國第一本專門探討「本能性格」的書，填補了九型人格副型領域研究的空白。

十年來，我帶領九芒星九型人格的老師們持續觀察、甄別、探究三種本能類型在關係、工作和日常生活中的差異，特別是在婚戀、職場、親子、金錢等應用場景和領域做了大量艱辛的探索，逐步形成了一整套基於三種本能類型的實戰應用體系，能夠更精準、高效地支持人們的親密關係、親子關係、職場發展及個人成長。

以上是我想透過這本書奉獻給大家的成果。我相信這本書會是一個里程碑，是讓本能類型這一理論發揚光大的開始，從而更能支持社會大眾。

在正式的旅程開始之前，先一起初步探索一下你的本能性格吧！

以下三處場景中，你會傾向於哪一種？

聚會時你是哪種狀態？

忙碌的加班工作結束後，
你是哪一種狀態？

家裡的洗衣機壞了，
你會怎麼辦？

你來自哪個本能星球？
——測測你的本能性格

本能性格類型涵蓋了一個人的三種生存本能，這三者的比例決定了一個人的能量狀態和個人氣質哦。讓我們來測試一下自己的本能性格吧！

請在下列10道題裡選擇，最符合的敘述記2分，次符合的敘述記1分，最不符合的敘述記0分。記好你每個問題裡A、B、C三個選項的分數，最終我們算分是需比對三個選項各自的總分哦！

1 下列哪組特徵最符合你自己或他人對你的評價？（最符合的2分，次符合的1分，最不符合的0分）

A. 勤奮專注、務實踏實、穩定持久。

B. 創意四射、想像豐富、不拘一格。

C. 審時度勢、顧全大局、社會責任。

2

以下哪組詞語最接近你的生命狀態？（最符合的2分，次符合的1分，最不符合的0分）

A. 獨處、溫馨、舒適。

B. 新鮮、刺激、有挑戰。

C. 合作、社交、服務集體。

3

對於「家」，你傾向於認為：（最符合的2分，次符合的1分，最不符合的0分）

A. 家是我舒服的小天地。

B. 家是愛的親密空間。

C. 家是短暫休憩身心的驛站。

4

在下列哪種情況下，你的做事效率最高？（最符合的2分，次符合的1分，最不符合的0分）

A. 自己一個人獨立做事。

B. 和一個彼此吸引的親密搭檔一起做事。

C. 和一大群小夥伴一起做事。

5

回顧你的日常生活和工作，你的精力總是容易聚焦到什麼方面？（最符合的2分，次符合的1分，最不符合的0分）

A. 工作生活中的實際層面。

B. 打動我的人，激動人心的事。

C. 集體組織的各項活動。

6

在你狀態不好、能量較低時，下列哪種情況能夠讓你快速恢復精力，滿血復活？（最符合的2分，次符合的1分，最不符合的0分）

A. 一個人靜靜待著，吃點好吃的，睡在舒服的床上，做做按摩保健，計算一下最近的收入，盤點一下自己的資源，做點自己感興趣的事。

B. 和親密物件（或我欣賞、喜歡的人）深度交流，或者做戶外旅行、看電影等讓我覺得很刺激、新鮮、有感覺的事。

C. 參與一個志同道合的團體的聚會及活動，並且我可以發揮影響力和話語權，得到一群人的認可。

7

在職場中，你最喜歡的工作環境是：（最符合的2分，次符合的1分，最不符合的0分）

A. 有利於我完成工作任務。

B. 能大大激發我的靈感和創造力。

C. 能有助於團隊協作和團隊建設。

8

如果你有一個好朋友，你最傾向於這樣相處：（最符合的2分，次符合的1分，最不符合的0分）

A. 彼此獨立，有界限，會給予實際的幫助和支持。

B. 深入促膝暢談，分享內心祕密。

C. 邀請他一起參加各種活動。

9

如果你參加一個聚會活動，你通常容易關注到的是：（最符合的2分，次符合的1分，最不符合的0分）

A. 認識的熟人、舒適的位置。

B. 看起來有趣、有吸引力的人。

C. 與陌生人聯絡交際的機會。

10

總體來說，你所關注的人生焦點是：（最符合的2分，其次符合的1分，最不符合的0分）

A. 關注生活的有序、穩定和保障，喜歡獨立及自給自足，與他人保持明確的界限，依靠自己，獨來獨往，喜歡儲存資源，焦慮資源短缺，確保萬無一失。

B. 關注親密關係的深度，喜歡深度交流與共鳴，喜歡折騰新鮮刺激的個人體驗，挑戰嘗新讓我充滿興奮和激情。

C. 關注社會，團體，圈子的潮流，趨勢及動態，以及我在群體中的位置和歸屬感，崇尚合作共贏，在意公平平等。

好了，做完了嗎？分數都記下來了吧。看看你的A、B、C各是幾分，解讀一下你的測試結果吧！

說明：每種本能性格得分在0到30分之間，如果某個本能性格得分在20分以上，則表明測試者該本能性格特徵顯著，得分在25分以上則表明該本能性格特徵非常顯著。而如果某項本能分值在6分以下，則表明欠缺某個本能性格，我們稱之為「缺本能性格」。

A選項分最高：恭喜你哦！你可能屬於自保型人！

自保型人給人的感覺微微有點冷哦，不是很熱情的那種，乍一看會覺得有點距離感。他們的眼神常常是淡淡的，有點疏離，好像隔著一層什麼東西。他們的注意力焦點常常在具體的事務上面，喜歡做實事，研究技術細節。他們對於衣食住行，對於生存環境比較重視，也喜歡玩技術，常常可以成為專家哦！

B選項分最高：恭喜你哦！你可能屬於一對一型人！

一對一型人給人的感覺是冰火兩重天，他們是三種本能性格中最神經質的一種。他們的情緒是跳躍的，兩極震盪，對人也是一樣。對於喜歡的人，熱情如燃燒的沙漠，對於不喜歡的人，表情和眼神能分分鐘「殺死」對方。有時候十分犀利，不留餘地。他們是三種本能性格中最看重人，也最重情感的，很多盪氣迴腸、愛恨情仇的傳奇故事，都來自一對一型人。

C選項分最高：恭喜你哦！你可能屬於社群型人！

社群型人給人的感覺就不像一對一型人那麼尖銳，他們就像和煦的春風一樣，暖暖的，令人舒服。他們仿佛永遠嘴角上揚，給人一種親切的感覺。但這種親切的感覺之中，又帶著一點點距離感。他們喜歡蜻蜓點水式的問候和交往，點到為止。社群型人更注重集體和大局，他們會關注到集體和場合中的每一個人，也十分在意自己在團隊中的聲譽、位置和角色。

盲點本能解讀

什麼是一個人的盲點本能呢？就是你三個選項中得分最低的那個，那個就是你最缺的本能，我們一般稱為「缺本能型」，這也是常常帶給你困擾和局限性，你最不擅長，難以發揮，以及最讓你消耗能量的那個本能。

A選項分最低：你可能是缺自保型（也叫熱情交際型）

你總是著眼於一些「大事」，不把衣食住行這些小事放在眼裡，也不太注重自身技能的培養。要知道，不是任何事情都可以花錢讓別人解決的，學會保持人際關係界限，培養一技之長，關注自己的身體和財務狀況，不要飄在天上，要接接地氣。宏大的夢想和專案計畫需要精細的規劃、量入為出的預算和持之以恆的努力！

B選項分最低：你可能是缺一對一型（也叫務實責任型）

你總是少說廢話，按部就班地完成任務。也許你實際上為別人做了很多，但是由於缺乏情感的交流和表達，讓人覺得隔離和生疏。同時，一成不變的生活也許會讓人有些枯燥和乏味，不如多一點變化和嘗試，讓生活變得更加有趣，有些驚喜和新意。

C選項分最低：你可能是缺社群型（也叫專業創意型）

請覺察你的恃才傲物。你總是崇尚憑個人能力和本事吃飯，不靠關係，但這恰恰會限制你的發展。適度拓展人際關係，可以幫助你更好地發揮聰明才智，讓你的才華有更多施展的地方。同時團隊合作也可以大大減輕你的負擔，學會信賴他人吧，如果什麼事都親力親為，那就真的太累了！

注意：儘管一個人的本能性格是相對穩定的，但這套測試結果會受測試時的個人環境和狀態的影響，更準確地說，這套測試是用來衡量你當下某一刻的本能性格結構。一旦你的人生狀態有變化，你測試出來的本能性格分值甚至排序會發生變化，這並意味著你的本能性格發生改變，而是反映了當時狀態下的本能特徵。因此，測試只是一個參考，在不同時期分值可能會有變化。我們需要深入閱讀本書以及對自己進行深入反思、覺察，會越來越確認我們的本能性格。

第1章

人人都有三種本能

三種本能類型分別對應哪三種本能？

所謂「本能」，顧名思義，就是「本來就能」，是天然的、不需要後天習得的能力，是一種來自生命本源的能力，所以本能是人類和動物所共有的。自保、一對一和社群這三種本能分別對應著動物的築巢本能、繁衍本能和群居本能。

自保本能只能確保動物個體生命的穩定和保障，然而，每個物種都有壽命的限制，如果沒有繁衍，那物種也就消失了。

一對一本能也叫性本能，動物有求偶行為，它們把自己打扮得更有魅力，吸引異性，比如孔雀開屏、天堂鳥跳求偶舞等。

性本能（一對一本能）主導的人會讓自己變得更有特色，更有吸引力，散發出一種無法抗拒的誘惑力。

自保
（築巢求存）

一對一
（物種繁衍）

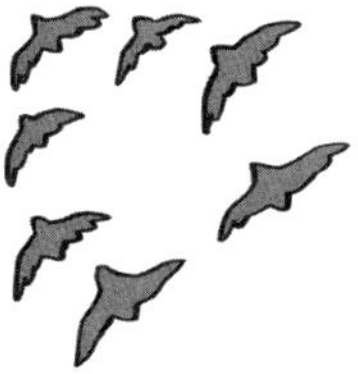

社群
（群居協作）

有自保本能，動物安全了；有性本能，動物可以繁衍。但動物們還需要建立團結的族群，進行群居和群體活動，比如集體南飛的大雁、協作搬運的螞蟻，它們形成了一個個群體，實現了個體、家庭單位無法完成的合作。如果是遠古人類，那就會形成部落、文化、風俗、制度，就是最早的社群本能的體現。大家聯合起來抗擊外敵，抵禦自然災害，讓族群更好地存活下來。社群本能也是為了生存，是透過協同、協作，把所有的資源和力量整合在一起。

人人都有三種本能，只是比例和排序不同

我們可以想像一下，每個人的本能排序結構像一個一分為三的蛋糕，其中最大的那塊蛋糕就是我們的主導本能類型，也稱為第一本能類型，次大的那塊蛋糕則是我們的第二本能類型，最小的那塊蛋糕則是第三本能類型（缺本能類型）。

每個人都有三種本能

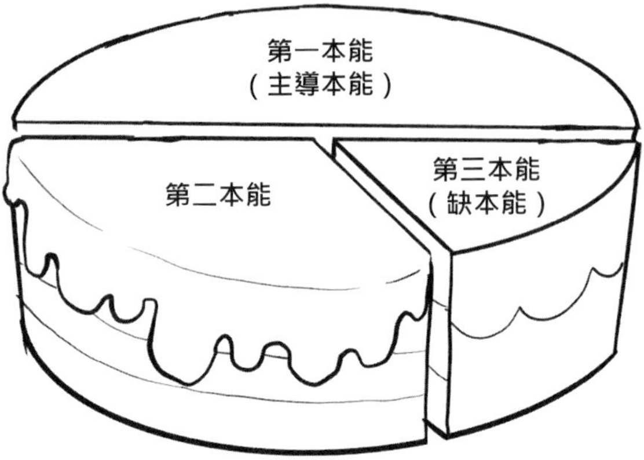

在閱讀本書的過程中，你可能會迷惑你似乎不是單純某一種本能類型，這是非常正常的，我們每個人的確是三種本能都有，只是排序差異和比例不同，三種本能按先後次序，總共會形成六種本能排序。

如果你有兩種本能類型都比較明顯，我們稱之為「雙本能」，那麼你一定會對兩個類型的描述都有強烈感覺，並呈現兩個類型人的特點。我們的三種本能是按順序滿足的，優先第一本能，但在第一本能無法滿足的情況下，會強烈呈現第二本能的特徵，這是一種「次位代償」效應，這種效應可能會帶來辨析上的盲點。

舉一個例子，假設某一個人有55%的自保本能和40%的一對一本能，他的本能排序是自保／一對一／社群，儘管他是自保型人，但也會明顯呈現一對一型人的特點，他的內在也常常有自保和一對一的本能衝突。同時，在自保本能難以滿足的情況，會以一對一這個第二本能來代償。比如，他們在身體不舒服、疲憊不堪、工作壓力大或無法獨處充電的時候，可能會變得渴望黏人或尋求激情、刺激。

本書我們主要講述第一本能（主導本能），並在最後略微討論容易被忽略的第三本能（盲點或缺失本能），暫不涉及第二本能，也不討論本能排序。這是一個更為寬廣、深入的主題，因此如果有雙高本能的人無法辨析自己是哪一個占主導，也是正常的，需要更為深入的覺察和學習，將來有待更專業、細緻的著作出版。

影響本能性格的其他因素

本能類型在一個人身上的具體行為表現，有可能會受到國家、地域、性別、年齡的影響，例如，在強調集體的文化裡，很多不是社群本能主導的人也會體現出比較明顯的社群類型行為，但這與他們的本能仍然是存在內部衝突的，需要更多地去進行自我調適。

同時，性別角色也會一定程度上影響個體的表現，例如女性通常更關注情感，在戀愛中會更多地體現出一對一本能行為；男性通常更關注務實層面，在關係中更容易體現出自保本能行為。但行為不代表他們的本能類型，需要個體做更多的自我覺察，特別是在關係衝突當中去深度看見自己。

另外，年齡會影響個體的成熟度，相對而言，兒童、年輕人會更容易彰顯出自己的本能類型，而年長的人們因為社會閱歷的豐富和成熟度的提升，在本能類型行為的表達上會更加內斂。

本能不同，常有分歧

本能類型在人與人的關係中扮演著極其重要的角色。不同的本能類型代表著不同的價值取向。相同本能類型的人往往有著非常類似的價值觀，能夠彼此理解，溝通上更容易同頻；不同本能類型的夫妻、戀人、親子和朋友之間更容易發生衝突。

我們以本能類型應用最廣泛的婚戀關係為例，同類型夫妻的婚姻觀念都比較相似，彼此容易相互理解，相處會比較融洽和諧。

然而人生往往不會如此簡單設置，大多數人還是選擇了不同本能類型的人作為伴侶，因為生命渴望成長和平衡，人生如同一場「修行」。

多年的親密關係及家庭關係的諮詢經驗顯示，從本能類型差異的角度解決家庭關係衝突，往往能起到「四兩撥千斤」的作用，有立竿見影的效果。

你對下列場景熟悉嗎？其實這些衝突都是本能性格不同惹的禍！

16:06
親愛的老婆
未接來電（16）
親愛的老婆
未接來電（10）
親愛的老婆
你人在哪呢？
為什麼不
回來陪我？
?!!

工作重要
還是我重要？
朋友重要
還是我重要？
聚會重要
還是我重要？
這...

在家做大爺
指手畫腳
老婆，趕快拖地啊！

給！你最喜歡的
玉米粥！
老婆，再喜歡也
不能連續吃七天吧！

在外裝孫子
忍忍忍
是的，您教導得對。
忍

你只有有事才找我，
就不能打電話關心關心我嗎？
……

另外，相同本能性格的人可能存在衝突，多與需求不同有關，而不是產生了對對方本能的誤解。例如，兩個自保型人作息不同，生活習慣不一致會帶來衝突；兩個一對一型人可能會因為對某個人、某個事的好惡不同而產生分歧；兩個社群型人也可能因為堅持不同的「三觀」產生對立。但這些衝突產生的原因不是本能類型本身帶來的，主要取決於個人需求。因此本書不展開討論。

健康層級：如何平衡三種本能

本能類型對個人成長也有深遠價值，這種成長主要體現在三種本能的整合平衡程度以及本能類型的健康層級兩個方面，二者視角不同，但密切相關。

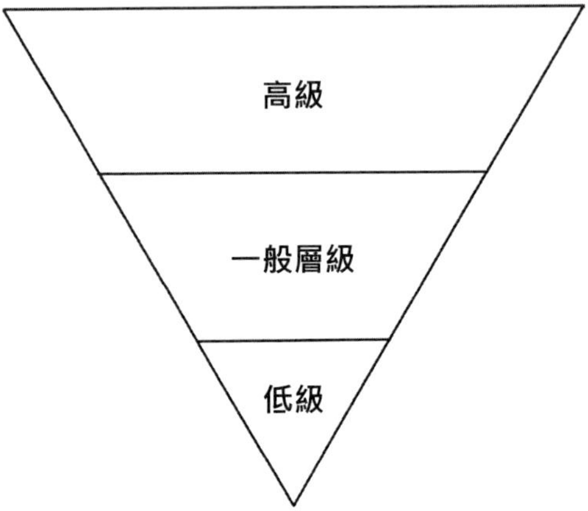

三大本能的整合

如前所述，本能排序決定了我們的本能偏重，我們往往會過多關注排序第一的本能，而忽視排序最末的本能。第一本能是我們性格的天賦優勢，而盲點或缺失本能則是我們的天生局限。

每個人都習慣於用第一本能的方式應對世界，卻總是在盲點本能領域遇到麻煩。例如：自保本能排序最後的人往往在細節、計畫上掉坑；一對一本能排序最後的人往往在親密關係上出問題；社群本能排序最後的人則容易被誤解為是沒禮貌、不懂事的人，被團體邊緣化。

三種本能對每個人的發展同等重要，缺一不可。我們可以理解為一個三角凳，三條腿分別是自保、一對一和社群，任何一條腿的缺失都會導致三角凳處於失衡狀態。

因此，個人成長其實就是不斷修行以使得三種本能逐漸平衡的過程。透過對本能類型的覺察，我們可以檢視本能的過度和不足，成長為三種本能整合的「三棲明星」！

本能類型有高低健康層級

三種本能類型沒有誰更好、誰更差，但每種本能類型也有更佳狀態和更差狀態，這就是本能類型的健康層級。

健康層級是衡量一個人本能類型健康程度的指標。比如有更高成熟度的自保型人、一對一型人、社群型人。本能類型不會因為我們的成長而發生改變，但會發生健康層級的提

成為三棲明星

升和下降。

所以，健康層級是本能類型的縱向劃分。當一個人層級高時，往往能發揮出本能類型的優勢，讓我們人生更加成功、幸福、順利；層級低時，常常會呈現出我們本能類型的劣勢，會讓我們的人生陷入困境甚至災難。

沒有永遠的健康或者不健康，層級狀態每天都會上下起伏波動。

同時，對於健康層級較高的人來說，三種本能都會比較均衡和適度，他們就像「三棲明星」，可以自由使用三種本能。而在健康層級不夠高的情形下，三種本能會出現明顯的失衡，會嚴重過度使用第一本能而壓抑第二本能和第三本能。

在閱讀本書的時候需要對比你自己的個人狀態，區分自己的健康層級，這部分我們將在本書的第7章——本能類型的健康層級與個人成長修行中詳細講述。

第2章
三種本能類型的特點

自保型人以「事」為先，
一對一型人以「情」為先，
社群型人以「場」為先。

自保的「保障」、「守底」，
一對一的「忘我」、「純粹」，
社群的「適應」、「格局」。

社群型像綿延不絕的山脈；
一對一型像休眠或者噴發的火山；
自保型踏實穩重，像一座座彼此獨立的小山。

我存了100個塑膠袋，
還有N年的
陳年老酒和松茸！

自保

一對一
有100個人為我
「神魂顛倒」。

我手下有100個人，
我發薪水給他們！
社群

自保型的「小帳篷」：以「事」為先

自保型人素描

你的身邊，有沒有這樣一群人？

他們追求個人獨立，注重一技之長。

他們踏實可靠，注重做事的品質和結果，總是把事落實到位，幫人幫到實處。

他們總是一開口就談事，太實在，顯得不解風情。

他們需要大量個人空間，與人總有一種距離感，仿佛隨身自帶無形「小帳篷」，哪怕和戀人也要「親密有間」。

他們凡事有計劃，不想變來變去。

他們常有生存焦慮，喜歡存錢存物，車裡有油、手機有電、卡裡有錢，才能感覺安

全、踏實。

他們量入為出，精打細算，為家人提供物質保障和生活照顧，常是為家庭提供保障的「保險櫃」。

他們杜絕浪費，把錢花在刀口上，追求高性價比。

他們認為平平淡淡才是真，用盡一生的努力追求穩穩的幸福！

他們就是自保型人，一群在物品中滋養，在獨處中充電，在做事中付出的實幹者。

自保型核心模式

1 核心欲望

致力於保障個人和家庭生存的安全、穩定、有序，合理滿足衣食住行、工作學習、成長發展等生存需求，讓生活有一個穩固的基石。

2 核心恐懼

時間、精力、金錢等資源不足，無法保障健康與安全；無法交付工作成果，完成不了個人責任和計畫；工作及生活環境變動、不穩定，無法應對；切身環境不舒適等。

3 注意力焦點

與生存的安全和保障相關領域——個體獨立性、個人空間、個人價值、工作、收入保障、學習、金錢存儲及財務預算、實用知識和技能儲備、衣食住行的安排、身體健康、對家庭和家人的責任、身體舒適度、切身的物理環境等。

走近自保型人

自保型又稱為自我保存型，是一種保障自我生存的本能。自保型人傾向於自力更生、勤儉、實在、率直，相對內斂，通常不是那類閃亮、吸引眼球的「有趣的人」。

自保型人特點	關鍵字
儲存	儲藏、節約、物盡其用、杜絕浪費、有備無患
實用方便	務實、耐用、舒適、可操作性、就事論事
獨立／界限	獨處、個人空間、自力更生、「帳篷」
計畫	規劃、預算
安全保障	保障、家庭「保險櫃」
穩定	習慣、持續、有序、固定、拒絕變化

儲存

關鍵字：儲藏、節約、物盡其用、杜絕浪費、有備無患

存儲是自保的本能，是為滿足不時之需，比如當下即刻需要喝到水、填飽肚子、拿到紙巾等。

「有時候我包裡會放點餅乾等零食，餓了隨時都可以吃一點。」

自保型人希望一切有備無患，導致五花八門的過度存儲——存錢、存食物、存螺絲釘、存筆記本和筆、存雜誌、存塑膠袋，甚至存門票、存玻璃瓶、存布娃娃等，手機裡的照片和資訊也傾向於全部保存，不輕易刪除，已壞手機的充電線、包裝盒也習慣性留著，家裡的米、油、鹽、紙巾等生活用品要確保隨時充足。家人常因無用物品佔據了太多的空間而抱怨，但隨意扔他們存儲的東西就是在踩他們的地雷。

「我大學畢業後就一直有存款，哪怕我一個月的收入只有五百塊錢，我也要存錢，因為我要有一個保障。只要我有存款，無論發生什麼樣的事，我都覺得不是太大的事，否則我會覺得不安全。」

為什麼自保型人要存這麼多東西？根本上源於對資源不足的擔憂，也有對舊的物品本身所寄託的長情。在他們看來，東西是東西，人是人，物品比人更穩定、可靠、可控，他們與物的連接與人無關，他人可能會誤解自保型人「重物輕人」。

「我一直保留著前女友送我的水杯，現任女友很介意，其實並非我忘不了前女友，而是因為這個水杯我已經用習慣了，也很方便，好好的杯子丟掉挺可惜的。」

此外，自保型人勤儉節約，東西用舊了也不想換，因為習慣了，有感情了。不少自保型人還擅長修理東西，東西壞了第一時間不是想著馬上去買，而是可不可以修好？並非因為他們的經濟條件不允許買新的，而是縫縫補補、敲敲打打對自保型人來說也是一種獨特的享受和樂趣。

自保型人的存儲不僅僅是存儲物質、金錢，還包括存儲時間、精力、技能等方面，他們還杜絕浪費，無論浪費自己的還是別人的，都會很不舒服。點的飯菜剛好吃完，帶的物品剛好用上，都是他們幸福的小確幸。

「我不是捨不得讓孩子買貴的，我就怕她浪費。比如她想吃一種很貴的麵包，我當時買給她了，但她吃了一口就不吃了，我就很生氣！」

我渴了，幫我
去買杯水吧。
走，帶你去
喝免費水。
喝吧！
免費飲水機

實用方便

關鍵字：務實、耐用、舒適、可操作性、就事論事

自保型人很在意實用性，他們致力於滿足實際需求，例如買東西要耐用、舒服、健康，外觀形象是否漂亮或者高檔並不很在意，如果你要送他們禮物，最好是他們正好需要的。無論貧富，他們都要把錢花在刀口上，有時候被認為小氣、摳門。

「我缺一副耳機，過生日時朋友送了一副，我特別開心！另一個朋友送了錢包，我已經有一個了，反而覺得沒必要。」

自保型人並非一味節約，事關長期生活品質的生活必需品，他們會在自己經濟能力承受範圍之內追求高品質，當然他們依然非常強調性價比。

「我在商場看上了一件一萬元的羊毛衫，我自保型老公覺得不值得，在網上花二千元給我買了一件一模一樣的。」

自保型人的實用導向還體現在做事上，他們注重實際落地的可操作性和執行細節，而非停留在概念、空想裡，他們是活在因果邏輯裡的人，要具體細化到「最後一公里」。

自保型人就事論事，喜歡做實事，解決實際問題，與人溝通缺乏情感鋪墊，直接說事，讓人覺得只有「事」沒有「人」。如果關心家人、戀人，他們不善於說甜言蜜語，會給以貼心、精準的照顧，常說「吃飽沒」、「早點睡」、「不要久坐」等日常生活化的關心。

同時，自保型人非常關注舒適度和方便性，他們躺著的地方必須很舒服，可以隨時拿到需要的東西，這就是他們舒適方便的小天地。

「我的臥室裡，床旁邊放著桌子、檯燈、書、垃圾筒、紙、水杯、充電器、電源……我喜歡隨手就可以拿到書，隨手就可以關燈，不用挪動身體。」

老婆，你生日要到了，
想要什麼禮物？
我買給你！
你自己想。
我想不到，買了你不喜歡，也是浪費呀，
你說對不對？
我和你說了還有什麼意思？
我想要什麼東西不會自己買？

獨立／界限

關鍵字：獨處、個人空間、自力更生、「帳篷」

自保型人有很強的個人界限感，需要比較多的獨處空間和時間，喜歡一個人在自己小世界裡做自己喜歡的事，無論是工作、學習，還是娛樂、放鬆、發呆，都不希望被人打擾。他們就像隨身帶著無形的「小帳篷」，即便是親密關係也要「親密有間」。

「我經常把房門關上，和老公說我要加班，實際上只是想自己呆一會，看點自己喜歡的書。」

自保型的三口之家往往會有這樣的場景——媽媽在客廳看電視，爸爸在房間看書，兒子在自己的房間做手工，三人在一天之內除了必要的交流外，都在自己的小世界裡各行其事。

「不要動我的東西！」

自保型人對物品有領地意識，擺放有自己的習慣，有時候家人在沒有打招呼的情況下貿然幫他們整理，反而會使他們因在習慣的位置找不到東西而生氣。

「我男朋友是自保型的，我擦桌子時就移動了一下他的水杯，也就差一公尺，他轉個頭就能看到，非說找不到，還怪我！」

他們的東西哪怕壞了、用不上了，別人也不能隨便處理，否則他們就覺得邊界被侵犯了。他們對自己領域的邊界感很強，比如強調「我的房間」「我的書桌」「我的辦公室」等等。「我的是我的，你的是你的」這種區分會讓其它類型的人感覺生分，不舒服，但實際上只是他們的一種領地意識。自己的空間必須在自己的掌控之中，不希望他人干涉。

自保型人認為每個人都應該是獨立的，都有自己的生活且都應該先照顧好自己，一般會先做好自己份內的事，才會考慮幫助他人，他們認為管好自己的「一畝三分地」，這是最基本的個人責任。所以有時候會被家人誤解為「自私」、「自顧自」。然而他們是三種本能類型裡最自力更生的。他們不給別人添麻煩，依靠自己會讓自保型人有安全感。

計畫

關鍵字：規劃、預算

計畫是自保型人的本能反應，小事有計劃，大事有規劃，凡事都會心中有數。大件消費、旅行、家庭開支、事業發展等等都有規劃或預算，自保型人的計畫遍佈他們的日常生活小事，腦子裡都自動安排好。

「我有次在一個微信群裡發了一千元紅包，有人喊『我沒搶到，再來一個』，我就有點不開心，因為這是計畫好的事。」

「我計畫花一萬五千元買衣服，一定會控制在內，絕不超支，如果沒計畫買，不管別人怎麼推薦，我也不會買。」

所以，擅自改變和打亂自保型人的計畫會讓他們抓狂。比如你晚上要有事卻沒有提前說，或者臨時改變了行程，都會讓自保型人不滿，因為他們只能被迫臨時調整計畫，浪費時間和精力。

如果自保型人不做完計畫中應該做的事，心裡就很難放鬆，總是惦記著計畫中的未完成事件，被計畫所控制。

「我是自保型人，兒子比較隨性，每到週末，我希望兒子能先做完作業再盡情地玩，但兒子總是先放飛自我，玩得很瘋，一直到了星期天晚上臨睡前，才說自己還有作業忘做了，我會頓時火冒三丈。」

安全保障

關鍵字：保障、家庭「保險櫃」

自保型人常覺得生存是艱辛的、禍福難料的，隨時會出現「窟窿」，因此保障個人和家庭安全是重要的事。他們所追求的安全保障就是一個人活著所需要的各種保障——身體健康、經濟保障、技能在身等。

除了自己的安全，自保型人還要做「家庭保險櫃」，不斷開源節流，以應對未來可能發生的失業、破產、孩子收入不好、父母年老病重、自己養老、買房等人生重大問題。

「我兒子做生意需要五千萬塊錢周轉，我沒給他，覺得他做事不腳踏實地，這錢給他可能再也拿不回來了，得幫他存著，等他結婚買房子的時候，該給多少給多少。」

自保型人的付出是「給我能給的，給你必需的」，他們在刀口上的支持，更多是雪中送炭，而非錦上添花。一旦在他覺得家庭或重要的人遇到重大事件變故，就能夠把自己多年的積蓄一下子拿出來——這往往是自保型人的高光時刻，家人一定會對這個平常「摳門」的自保型人刮目相看！

「我爺爺生病，我第一時間匯錢給我爸，我奶奶生病，我也第一時間給他們錢。我害怕他們到了醫院錢不夠，因為我家一直家境普通，我特別擔心家人去醫院之後面對高額醫藥費的壓力。」

穩定

關鍵字：習慣、持續、有序、固定、拒絕變化

穩定、可持續是自保型人的核心訴求，自保型人最害怕朝不保夕、居無定所的生活，接受不了忽上忽下，忽貧忽富的人生。他們本能地抗拒改變，總是要竭盡全力地避免各種可能的「失控」，追求「永續可行，有序增長」。

「我去找工作會關注底薪和實際能確保拿到手的，我也會努力創造高績效贏得更高獎勵，但我需要有一個保底。」

自保型人如果創業、投資，傾向於保守——「求穩不求大」。他們不追求過高的利潤，見好就收。當面對外界的誘惑和機會時，第一反應是先保持距離，然後再做選擇。他們認為唯有不「貪」才能確保穩定，這種對「貪」的遏制本質上是對「失控」的恐懼。他們不相信一帆風順的人生故事，更願意接受成功的路上、玫瑰花的下面都是血淋淋的荊

棘；他們不相信「虛無的夢想」，更相信具體的實踐。即便幸運中了五百萬大獎，他們也可能會繼續工作。

「靠天靠地，不如靠自己的勤奮努力，天上掉餡餅都是會砸破頭的。」

自保型人做事方式也不喜歡變化，比如一直用某個電腦作業系統或者用某種軟體做表格，就不太願意更改，除非十分必要，這會被吐槽「太死板」。

同時，自保型人一般都有固定生活習慣，很難更改，比如他們去飯店、理髮、健身可能很多年都不換地方，這主要是為了確保食物及服務的品質，好像換了一家就有了某種風險。

「我每天習慣性地有一套固定的吃飯、散步、睡覺的小流程：先如何，再如何；我家裡其實有好幾個沙發可坐，但我習慣坐其中的某一個，每次都只坐那一個。」

這種對改變的抗拒會讓自保型人失去更多的嘗試和可能性，因此，彈性和應變是他們成長的修煉功課。

自保型最在意能力和努力，
一對一型最在意魅力和才華，
社群型最在意三觀和格局。

自保怕沒飯吃，
一對一怕沒感覺，
社群怕沒人脈。

怕失業　怕失戀　怕失階層

一對一型的「感覺」：以「情」為先

一對一型人素描

你身邊有沒有這樣一群人？

他們喜歡的人和事在哪裡，能量和狀態就在哪裡。

他們愛情至上，渴望遇見那個「對的人」，成為對方心中唯一的偏愛和例外，共度一生二人三餐四季的浪漫。

他們要的不是平凡、簡單，而是有滋有味、有聲有色、豐富多彩的生活。

他們好惡分明，也特色鮮明，喜歡的人很喜歡，討厭的人很討厭！

他們有感覺時如有神助，沒感覺時半死不活。

他們有說走就走的瀟灑，有「世界那麼大，我想去看看」的衝動。

他們生命不息，折騰不止，渴望有故事、有波瀾的人生，一眼望到頭的生活讓他們感到無聊、沒勁。

他們追求人生無限的可能性，只要內心激情被點燃，就會一往無前，所向披靡，他們的人生如過山車般跌宕起伏，總是一段段爆發！

他們就是一對一型人，是投入地愛，深刻地活，享受燃情歲月的「有趣靈魂」。

一對一型核心模式

1 核心欲望

追求深度的親密連接，體驗生命的活力和激情，去尋找有吸引力、有能量的人事物來滋養內心，為之傾心、迸發激情、迷戀、沉浸其中。

2 核心恐懼

失去親密連接、不被在意的人特殊對待、平淡無聊、死氣沉沉，無法啟動內心以及有深度的親密連接。

3 注意力焦點

一切帶來感覺和激情的人和事——生命活力與激情、沉浸的親密關係、個性魅力與吸引力、靈感創造、即興發揮、兩極震盪、新鮮刺激的體驗等。

走近一對一型人

一對一型也叫性本能型，他們富有生命活力和激情，天然散發著吸引力和魅力，他們情感激烈，魅力四射，有浪漫和娛樂天賦，充滿了無限的想像力和創造力。

一對一型人特點	關鍵字
吸引力	魅力、放電、獨特
偏愛	挑人、競爭、排他、例外
黏人	親密無間、深度連接、忘我
震盪	極致、過度、跌宕起伏、非凡體驗
即興	感覺至上、灑脫隨性、靈感創造
挑戰對抗	自由、叛逆

吸引力

關鍵字：魅力、放電、獨特

一對一型人天生有一種強烈的吸引力和誘惑力，常有一種能令人上癮，使人著迷的氣質。一對一型人的魅力和形象未必迎合主流品味，喜歡個性化，不喜歡被限制，但會迎合他們的一對一對象（包括但不限於伴侶）的品味。

「我會為了對方改變自己的裝束，我有很多衣服都只在和喜歡的人一起時才穿，只為了穿給他看見。」

他們未必是大眾眼裡的俊男靚女，卻散發出一種獨特的味道，這是他們獨特的魅力所在。

「確認過眼神，你是對的人！」

一對一型人也很注重他人的吸引力，把好惡寫在眼神裡：對於沒感覺的人，通常眼神暗淡，一旦遇到有感覺的人時，他們的眼神就會突然亮了起來，好像眼睛裡燃起了一把火焰，腦海裡蹦出「對，就是他！」，他們會不動聲色，餘光掠過對方，看似無意的有意，眼睛不自覺地「放電」，彷佛整個人都在發光，情不自禁地想吸引對方的注意力，想和對方交流、對話和建立更深、更親密的連接（但不一定會明顯表現）。

「我其實是一個很文靜的人，但如果突然見到自己有感覺的人，會突然變得很活躍，語速、音量、音調都會變化，或者突然變得興奮或者溫柔，這一切其實都是吸引那個特別的人的注意，但那個人未必知道。」

他們期待那種電光火石的瞬間，彼此剎那一秒的對視，那不經意的眼神連接，彼此心領神會。另外，一對一型人也有一種本能天賦，僅僅透過一個簡單的動作和眼神，就能發現周圍人中誰喜歡誰，誰對誰有特別的感覺。

偏愛

關鍵字：挑人、競爭、排他、例外

一對一型人用感覺來「挑人」，他們的目光會不自覺地掃描和聚焦到一位令自己最有感覺的人，並被對方的一顰一笑所牽動。他們對人的態度是愛恨分明，對喜歡的人熱情似火，對不喜歡的人冷若冰霜。

一對一型人對一個人的討厭，不僅是心理上的厭惡，而且是有強烈生理反應的排斥。

和討厭的人坐在一起，身體本能地想逃離。

「我對喜歡或討厭的人都很敏感，喜歡你怎樣都行，不喜歡怎樣都不行。我會因為喜歡一個人，進入一個群，愛上一座城；也會因為厭惡一個人，退出一個群，厭惡一座城。」

他們有很多「最」——「最喜歡的同學」、「最喜歡的髮型師」、「最喜歡的老師」，他們會不自覺地對自己喜歡的人按重要性排序，第一、第二、第三……次序非常清晰明確，先陪誰，再陪誰，也不言而喻。

一對一型人的這種「挑人」遍及一切領域，即便是做生意，也會挑客戶，看感覺。

這種強烈的好惡，有時候會表現地非常激烈和極端。

愛上一個人，就打破了原有的一切規則、標準，這個人成了一對一型人心中的偏愛和例外。對一對一型人來說，因為愛你，我不再有要求，我什麼都可以包容，什麼都可以接受。

「我以前對男朋友的要求是身高必須在一百八十五公分以上，而我老公只有一七五。遇到他以後，我什麼要求都沒有了。我從小嬌生慣養，不會做飯，也不會家務，結婚後，為老公學會了做飯，還變著花樣地給他做，承擔了幾乎全部家務……」

黏人

關鍵字：親密無間、深度連接、忘我

一對一型人很容易沉迷於愛情或一段深入連接的關係，他們要麼太黏人，要麼必須很努力克制黏人。

「上大學時，我總會陪男朋友上課，哪怕不是一個專業的，哪怕根本聽不懂，我只是陪男朋友而已，恨不得二十四小時黏在一起。」

「一旦老公在家，我就可以不要兒子，我眼裡只有老公。和老公去旅遊的時候，很討厭有風景的存在，風景會讓他分心。我很喜歡只有我們兩個人的世界，我們可以一直對視，或一直聊天。」

一對一型人希望與對方在感覺上要有共鳴、共振，希望彼此深深看見和理解，達到無言的默契。他們可以和喜歡的人暢聊一個通宵，仿佛有說不完的「廢話」；也可以彼此靜默不語，兩眼相望無言，卻已秒懂彼此的全部。

震盪

關鍵字：極致、過度、跌宕起伏、非凡體驗

一對一型人是典型的「旋風式兩極震盪達人」，他們要的就是暢快淋漓，感覺來了，不顧一切！如果一件事不能讓他們渴望過分去做，那就根本不值得去做！

「要麼深愛，要麼滾蛋！」

他們可能一段時間減肥瘦身到極限，然後再放縱自己大吃大喝；他們有時候認真養生，有時候又無視身體健康，胡亂折騰自己。他們能堅持一個月不吃油炸食品，只吃清水煮蔬菜，一個月後又拚命吃炸雞翅；他們一會兒不想結婚，一會兒又想閃婚；他們可能平常熬夜，某一天突然心血來潮決定早睡，然後九點就睡了，但是又沒堅持幾天……所有的壓抑都會反彈，人生就像劇烈的蕩秋千，玩的就是心跳體驗。

「我經常拚命存錢，一點也不肯花錢，但突然來感覺了就一下子花掉，倒筐式消費，用光、吃光、玩光，然後再拚命賺錢，好像這樣才有動力。」

這種冬夏交替，冷熱風交匯的能量如野馬，如烈風，如煙花。這股衝力，伴隨著不斷湧現的更迭能力，可能帶來無限可能和創意，刷三觀，刷眼球，刷記錄。

一對一型人嚮往生命的波瀾起伏，渴望精彩的人生體驗，高潮與低谷常如過山車一般跌宕起伏，他們最害怕平淡無奇的生活，那種一眼能望到盡頭的日子，會讓他們覺得沉悶、壓抑甚至絕望。

「創業無論成敗，贏了是江山，輸了是故事！」

一對一型人不喜歡一成不變、一帆風順的生活，對那些強烈、刺激的、新奇的體驗著迷，他們是富有冒險精神的人，喜歡激情澎湃、能量衝浪的感覺！

他們的生命裡總湧動著一種不安分的激情，試探著人生的種種可能性，只要激情在，無論受到多少挫敗和困難，都會滿血復活，職場上一路開掛，情場上火花四濺，磁場上劇烈震盪。

即興

關鍵字：感覺至上、灑脫隨性、靈感創造

一對一型人經常會說「找感覺」，任何能激發他們激情活力的人事物，他們都會很有「感覺」。那份感覺帶來的激情活力，會讓他們英勇無畏，自信滿滿，一路向前，永不言敗！

他們一旦找到感覺，就會發生神奇的質變、飛躍，學習會從一竅不通到一通百通，創作會從無從下筆到神來之筆，工作會從一籌莫展到所向披靡！他們內在的靈感、潛能會瞬間被激發出來，生命力突然蓬勃，感覺嘩嘩流淌，一次次抵達巔峰，創造一個個驚豔的作品！事業上出奇制勝，黑馬逆襲，常常催生出重大的突破和創新！

「被某一句話擊中內心後，我可能一下子觸類旁通，豁然開朗。」

「感覺」是一對一型人活著的養分，他們總是不自覺地搜尋著人群中可以對上的眼神，在朋友圈有意無意地留下一絲絲線索，渴望被那個懂的人發現。一旦和一個人對上了，可以不顧一切在一起。即使他們大齡卻單身，也絕不會為了結婚而結婚，他們一定要等那個有感覺的「對的人」到來！

「我讀書時，喜歡班上的一個男生，和我是前後桌。小組背書的時候，我一轉身，正好和他面對面。這個男生是班長，長得也帥。面對面的一瞬間，我看到他眉毛間有一根特別白的長眉毛，一瞬間有一種心動的感覺。」

對於一對一型人來說，感覺是無法控制的，感覺沒了就沒了，無法努力獲得，也無法假意迎合。一旦有了感覺，他們常有一種強烈、不可遏制的衝動。

「有一次我和閨蜜想吃火鍋，直接就買機票飛到成都去了，沒有任何計畫。還有一次因為一首流行歌曲，突然想吃冬蔭功，和閨蜜兩人立刻辦簽證跑到泰國去吃。」

俗話說「自古才子多風流」，很多文學藝術大師都傾向於需要風花雪月、紅袖添香來充分滋養一對一本能，有些人生暮年的文學藝術大師，仍然尋覓浪漫的戀情，以維持、滋養、激發他們的激情、生命力和創造力，進而催生出偉大的作品！

當然，並非所有的一對一型人都有機會成為作家、導演、藝術家、戲劇家……他們會在平凡的生活中隨時隨地的創造，隨時有靈感，這種創作都是自由的、隨性的、不刻意的。

「在旅遊途中，我喜歡創意拍攝，會拍各種的不尋常的東西，比如泥土、樹根、螞蟻、溪流……很少搞無聊的擺拍、呆板的景點打卡式拍照。」

一對一型人即興的靈感和創造力，會給人們帶來很多驚喜，如今的網紅時代就是一對一型人的時代，抖音短片讓無數一對一型人從普通人搖身成為紅人，不但有了自由即興的創作和展現機會，同時也讓無數一對一型人成為了他們的粉絲。

但需要特別提醒的是，一對一雖然容易頓悟，靈感湧現，但千萬不要把開掛狀態當作常態，把暫時激發的潛能當作穩定的能力，如果缺乏腳踏實地的踏實積累，這些創造和靈感容易來得快，去得也快，難以複製。

挑戰對抗

關鍵字：自由、叛逆

一對一型人有一種對抗、挑戰的能量。他們崇尚自由，常有叛逆，也喜歡挑戰困難、打破常規！他們喜歡流動的、流淌的東西，灑脫的感覺，想要巨大的空間感，渴望一種無垠和無限。

一對一型人只要感覺被束縛就會沮喪。比如規定必須在某個地方、某個時間做什麼事。

「我想做的事，如果你要求我做，我反而不想做了。」

「我從小就天天跟我媽抬槓，凡是她制定的規矩，我一定是要對抗的。比如擠牙膏，她告訴我牙膏要從底部擠。我就故意從上面擠，擠出很大一個坑。我媽很生氣，但我覺得有時候，還滿享受那種對抗的過程。」

他人的反對和遭遇的困難往往會強化一對一型人的激情，特別是他們的愛情，越被反對越堅決，越有困難越有感覺。

「我的第一個女朋友年齡比我大，家人都很反對。我心想你們反對是嗎？我就要故意和她在一起。第二個女朋友家人都很滿意，但家人越喜歡，我反而越要找找這個人哪裡有問題。」

「恰恰是因為父母各種各樣的阻攔，我反而越來越來勁，更加不顧一切地要嫁給我老公！」

這一生，能為一個人克服重重艱難去奔赴，能跨越千山萬水去愛你，這是何等的浪漫，何等的盪氣迴腸啊——一對一型人要的就是這種盪氣迴腸、激情四射、百轉千回的愛，克服艱難困苦去愛一個人，才是他們心中嚮往的「真愛」！

自保型人存錢，在意有沒有，
一對一型人存情，在意愛不愛，
社群行人存人脈，在意合不合。

一對一：我要和那個人在一起，
自保：我要和自己在一起，
社群：我要和你們在一起。

社群型的「四通八達」：以「場」為先

社群型人素描

你身邊有沒有這樣一群人？

他們信奉「千里有朋友，萬里有貴人」，「朋友的朋友就是朋友」，「朋友多了路好走」、「一回生，二回熟」……

他們溫暖熱情，慷慨大方，愛交朋友，人脈廣泛，神通廣大，如果朋友有難找他們幫忙，常常神奇般地打個電話就輕鬆搞定。

他們在家待不住，喜歡出門參加各種集體活動，人越多越興奮，總有忙不完的應酬。

他們有長遠眼光，瞄準各種資源，網織人脈，喜歡組織大夥兒一起做點事。

他們審時度勢，察言觀色，在舉杯換盞間牽線搭橋，在觥籌交錯中自然地整合資源。

他們很會說話，擅於觀察人群、環境、氣氛，總是自然知道在什麼場合講什麼話，言行舉止的分寸尺度拿捏得精準到位。

他們體面又很愛臉面，希望大家互相尊重和認可，給彼此留足面子、給臺階下。

他們在檯面上會對所有人「一碗水端平」，必要時可能會為大局「大義滅親」。

他們往往從小就很懂事，讓大人省心，長大了希望能為家族、集體、圈子做貢獻。

這就是社群型人，他們對你最大的愛，是用自己積累的一切資源去幫你及你的家人、家族！

社群型核心模式

1 核心欲望

透過對團體（群體／圈子）及社會活動的參與、融入、貢獻，贏得更大範圍的關注、認可、榮譽，獲得歸屬感、價值感、地位及影響力。

2 核心恐懼

失去團體（群體／圈子）中的地位和認可，名譽受損，顏面掃地，失去參與權，被所屬團體排斥、孤立、邊緣化。

3 注意力焦點

所參與的項目、團體、社會等更大整體的事務——在團體中的角色與地位、歸屬感、參與感、社會責任、社會影響力、名譽聲望、團體氣氛、政治氣候、文化、禮儀、習俗、規範與適應、社會接受度、廣泛友誼等。

走近社群型人

社群型人總是熱切關注更大的世界正在發生什麼，小到自己所在的各種圈子、機構，大到國計民生、國際風雲。

社群型人特點	關鍵字
人脈和資訊資源整合	廣泛社交、弱關係、資源整合、消息達人
審時度勢	讀懂潛在規則、環境觀察、委婉
格局	適應、顧全大局、委曲求全
臉面	口碑、懂事、厚遠薄近、社會形象、得體克制
公平團結	整體、平等、相容、無偏私
分享	共用精神、禮尚往來、人情世故、請客送禮

人脈和資訊資源整合

關鍵字：廣泛社交、弱關係、資源整合、消息達人

社群型人熱情、開放，喜歡廣交朋友，無論是在旅遊、婚宴、開會甚至逛街，他們都可能會結交很多陌生人。如果社群型人把你當作朋友，可能會帶你走進他的社交圈，介紹很多新朋友給你，當然他也希望走進你的朋友圈。對他們來說，人脈的拓展就是資源的拓展。

「千里有朋友，萬里有貴人。」

社群型人傾向於保持得體距離的廣泛社交，即「弱關係」。他們既不希望和他人過於親密，也不希望失去聯繫。他們的社交旨在長久聯繫、資源互換。

社群型人很會借力，用資源整合創造了三頭六臂，巧妙調用各路資源，看起來就像「空手套白狼」，實際上歸功於他們借力使力的天賦。

「我開公司場地不要錢，辦公桌不要錢，有十幾層大樓都是整合的。」

社群型人善於把各種圈子的人巧妙組局，他們的生意常常是在吃飯或喝茶中搞定的，你以為他只是吃喝玩樂，其實他們是在這種看似隨意輕鬆的社交活動中穿針引線，不露痕

跡地促成各種合作。

除了人脈整合，社群型人還擅長「資訊資源整合」，新聞八卦天下事，事事關心，確保不會和世界脫節。參加聚會時，他們喜歡透過結識陌生人，擁有更多資訊管道。

社群型人常常是「消息靈通人士」，他們「眼觀六路，耳聽八方」，善於捕捉人群裡的資訊，多聽少說，密切關注和吸收著群體中的每一個人帶來的資訊，對資訊的敏感度和捕捉意識精妙而細微。

「我每天醒來的第一件事是看新聞，每天在睡前都會習慣性地流覽一下各大門戶網站首頁，我其實並不是對所有資訊都感興趣，而是覺得自己應該去全面瞭解，我也會對社交圈裡的八卦感興趣。我覺得，瞭解更多資訊，更容易與不同群體產生共同話題，有利於融入各種群體。」

對社群型人來說，最痛苦的事莫過於隔離他們與外界的聯繫。這時他們會有一種莫名的恐懼，彷彿被整個世界拋棄了。

「我感覺每個人都是一張拼圖，把每個人背後的資訊連接起來，就能真正看清這個世界的本質。」

審時度勢

關鍵字：讀懂隱形規則、環境觀察、委婉

社群型人有一種審時度勢的情境智慧，善於領會所在集體、圈子或組織中的潛在規則、潛在文化以及社交暗示，即不成文的規則、未明示的約定。他們天生對周圍的環境有興趣，透過觀察環境自然學會該怎麼說話、怎麼做事，可以說，社群型人是其環境造就的。

社群型人看起來有城府、成熟，講究社交策略和講話藝術，說話比較委婉、繞圈，對某種言行舉止合不合適當下場合特別敏感。他們會兼顧方方面面，沒有固定焦點，可以做到既關注每一個人，同時又能關注全場的人。

格局

關鍵字：適應、顧全大局、委曲求全

社群型人是識大體、顧大局的人，維護場面的和諧，維護整體的團結，要以場合為重！他們為了大事、為了共同的目標，會願意暫時犧牲自己的個人利益，甚至委曲求全、忍辱負重。

他們凡事不會擺在臉上，哪怕再討厭一個人，打心眼裡瞧不起對方，也仍然可以坐在一起談笑風生，觥籌交錯。場面上得給彼此面子，說不定以後還得合作，得罪了一個人就可能會壞了大局。

「小不忍則亂大謀，我的胸懷是委屈撐大的！」

在無數個深夜裡，社群型人常常是全場最後一個離開的，拖著疲憊的身軀凌晨才回到家裡。

「我經常把苦水往肚子裡咽，把火往肚子裡壓。有一次，我因為被欺負，差點想把桌子給掀了，但為了顧全大局，為了場子的和諧，強忍怒火，顫抖著手給每個人倒了一杯水。」

臉面

關鍵字：口碑、懂事、厚遠薄近、社會形象、得體克制社群型人在人前保持得體，不會太隨性，好惡、立場、觀點很少隨意發表，以免引起不必要的分歧和衝突，破壞了全場的氣氛。他們很懂事，不以自我為中心，隨時關注場合的氣氛和他人的狀況。

「你今天說話說太多了，下次在外面不要那麼表現自己，多聽少說，多看別人怎麼做！」

社群型人注重社會形象，十分在意方方面面的評價，他們為人友善，情商高，慷慨大方，包容大度，講究禮儀、規矩、傳統習俗，喜歡講排場，同時也要求家人不能拖後腿，在家族和朋友圈中有口皆碑，贏得一片好名聲。

只要被邀請的聚會、活動，社群型人基本上會去捧場，哪怕內心不想去，很少缺席。他們覺得，人家請你是給你面子，如果拒絕，人家下次可能就不請你了，朋友關係和資源也就斷了。

社群型人總是希望先照顧外人，給人一種「厚遠薄近」的感覺，他們對自己人會比外人看上去顯得「刻薄」、「胳膊肘往外拐」，甚至把家人應得的獎勵、利益讓給外人等。

我們不能說社群型人都是道德楷模，他們也有「私」，但這個「私」會有所包裝，會以合理的、「公」的形式來表達。

「我父親是社群型人，他對外人總是最高待遇，對家人總是最低待遇。比如和家裡人吃飯，隨便吃就行，到樓下小麵館吃個麵條。但如果有客人來了，馬上就安排高檔餐廳，要有排場，要體面。」

總之，容易過度追求面子、好虛名，這是社群型人需要自我覺察的。

公平團結

關鍵字：整體、平等、相容、無偏私

社群型人在家裡和家外常常是兩張臉孔。出了門，社群型人好像登上了社交舞臺，言行舉止都要得體、到位，絕不能「徇私」、「偏心」、「只顧自己人」。他們可能會故意地和不熟的人，甚至內心不喜歡的「外人」多連接、多交流，以團結更多的人，不會因為自己的個人好惡導致了團體的分裂。

「全家人十幾人出去旅遊，老婆抱怨我陪導遊不陪她和孩子，我是想著把導遊陪好了，他才能更好地服務所有人，我們大家才能玩得開心。」

社群型人反對各種可能造成分裂、損害團結的「小團體」、「小派系」。他們在公開場合往往不會凸顯私人的關係，除非場合需要。

「在家是夫妻，出門是公民。我和伴侶在公共場合一起參加活動，別人都看不出我們是一家人。」

總之，社群型人具有最強的「公民意識」。無論是夫妻、閨蜜、好兄弟，到了集體場合都不宜特別對待，所有人無論遠近親疏，都是這個團體、這個場的一分子，更是社會的一分子。

分享

關鍵字：共用精神、禮尚往來、人情世故、請客送禮

社群型人是共用精神的宣導者，他們不一定很有錢，但卻是最願意分享的，他們最不強調區分彼此，有什麼大家一起分，喜歡「見者有份」，他們也正因為這份「分享」的慷慨才交了那麼多的朋友。

「我為人人，人人為我。」

他們熱情好客，特別捨得為群體、朋友花錢，在聚會中經常都是買單的那一個，甚至別人請客也會搶著主動買單，堪稱「買單王」。

每到春節或其它重要節日，社群型人就讓禮物來一個「大循環」。他們的朋友多，送禮多，收禮也多，禮物承載著社群型人與朋友們的一種連接。

「我車裡的後備箱裡經常放著三五種禮盒，隨時準備給別人伴手禮。很多時候，別人送我什麼禮物我都不知道，因為還沒打開看就轉送給另一個人了。身邊的紅白喜事，即使我人不到，錢必須要到不能失禮。除非我不知道這個事，否則一定要表達這份心意。」

自保型——讓生活有個穩固的基石（大地的基石），

一對一型——投入地深深的愛（心靈的火種），

社群型——參與和貢獻更大的整體（族群的力量）紐帶。

第3章

三種本能類型的婚戀關係

自保型最怕和物質保障斷了連結；

一對一型最怕和親密伴侶斷了連結；

社群型最怕和世界斷了連結（資訊封閉）。

「親密關係是最難的修行」。親密關係裡，我們以本能的方式表現和互動，因此本能類型在親密關係中的應用最為立竿見影、震撼人心。很多人學完本能類型，才驚訝的發現自己和伴侶之間像活在不同的星球——「本能性格幫助我們破案了！我終於懂得你愛我的方式！」

現在我們就來講講不同本能類型大相徑庭的愛的語言，破解本能性格差異製造的無數「相愛相殺」之謎：

三種本能類型婚姻和愛情的價值觀分別是什麼？

如何與三種本能類型的伴侶相處？

有什麼相處祕笈和避雷提示？

現在，讓我們一起走進三種本能類型的愛的世界。

我為你付出一切，
卻讓你傷痕累累。

你為我犧牲一切，
卻讓我痛不欲生。

自保型求穩

自保型愛的表達方式是「我要成為你的依靠，給你穩穩的幸福」。

「平平淡淡才是真，化為親情過一生」是自保型人的婚戀核心價值觀，他們家庭觀念更強，十分關注家庭安全和經濟保障。

自保型人往往把大量的精力投注於工作和小家庭的建設，為自己小家庭的幸福生活而努力工作和存錢。

自保型人在親密關係中最容易被誤解為「自私」。他們是最強調界限和獨立空間的類型，凡事儘量靠自己，以「不給你找麻煩」的方式來愛你，會給親密伴侶一種隔離感。他們希望尊重各自的獨立空間。所以，你可能會看到兩個自保型伴侶在家裡，從早到晚守著自己的「小帳篷」，各忙各的，互不干擾，只要感知到彼此的存在就可以了。

自保型人大多比較內斂，不善表達愛，就事論事，他們非常務實，喜歡踏踏實實地過日子。在自保型人的眼中，一切都是「事」，感情也是藏在「事」裡的。他們用心在人，焦點在事，伴侶常因此而誤解他們缺乏情感甚至冷漠無情。自保型人對你的感情，是透過為你做事、為你解決問題來表達的。比如賺錢養家，每天為家人準時做飯，甚至每天晨起給你倒一杯溫水放在床頭……這都是自保型人表達愛的方式。他們很少透過語言來表達愛，認為那是「虛」的，他們喜歡實實在在地在生活中付出，唯有做到才是真心。

很多自保型的伴侶覺得自保型人很「摳」，其實自保型人只是喜歡量入為出，拒絕計畫外開支，他們是最怕家庭經濟保障失控的人，因此有時顯得過於節約，甚至有點「小氣」，但他們是家庭的「保險櫃」，他們是在為家庭存錢，當人生的風浪突然侵襲家庭這艘小船的時候，往往需要仰仗自保型人多年的積蓄平安度過，這就是自保型人最令人感動的愛的方式：為家庭經濟提供保障。

自保型的愛的關鍵字是務實、重事、習慣、存儲、空間、計畫在親密關係中的自保型人常有這樣的經典對白：

「你吃不掉，為什麼還要點那麼多菜？吃多少點多少，不要浪費！」

「生日別送錢包，我已經有一個錢包了，正好我的蘋果傳輸線壞了，禮物就買這個吧。」

「不要亂動我的東西，我要用時會找不到。」

「別不打招呼突然進來，我需要有自己的空間，哪怕我只是在這裡看閒書。」

「給我能給的，給你必需的。」

「花錢要花在刀口上，有多少錢辦多大事。」

「平平淡淡才是真，踏踏實實過一生。」

「可以陪你到十點，我明天有事，今天不能睡太晚。」

「幹嘛要枕著我的胳膊睡？胳膊有枕頭軟嗎？你不舒服我也不舒服。」

……

伴侶眼中的自保型

- 自我中心，自顧自：固執於自己習慣的方式和計畫，固執，不變通，難妥協。
- 對情感不夠投入：眼裡常常只有「事」，沒有人和情。
- 愛錢多於伴侶：經常不捨得為伴侶花錢，摳門，怕浪費錢。
- 缺少浪漫和激情：總是按部就班，認真嚴肅，不解風情，很無趣。
- 情感淡漠：總是需要大量空間，不能隨便打擾，經常突然切斷連接，有距離感。
- 過分關注物質和安全需要：愛存錢、囤物，捨不得扔東西，焦慮收入穩定，生存危機強，精打細算。

婚戀關係的八大黃金法則

◆法則一：尊重空間

和自保型人要「親密有間」，不能時刻黏在一起，允許他們有充分的空間和時間做自己的事情，享受他們一個人的「帳篷」。

◆法則二：尊重計畫

自保型人很難隨機應變，即興而為，要尊重自保型人已經定好的計畫，不能變來變去。

◆**法則三：尊重習慣**

自保型人往往有自己長期習慣的做事方式、程式，甚至在家裡也有習慣的「地盤」，他們的物品放在他們習慣的固定地方，不能隨意更改。

◆**法則四：尊重物品**

不要隨便整理、移動自保型人的物品，這會導致他們找不到東西，耽誤事情，和自保型人關係再親，也得分你的、我的。

◆**法則五：凡事有度**

花錢要在刀口上，有預算，有節制，不能憑感覺亂買，杜絕浪費，同時親密也要有度，不要沒完沒了地黏著、抱著。

◆**法則六：做事認真**

自保型人是以事的實際效果為先，即便你是伴侶，做事也得精準、到位、有效，而不是你用了心就好。

◆**法則七：說到做到**

你答應的事情，無論大小都得做到位，因為你的承諾已經納入自保型人的計畫，哪怕是「買瓶醬油」這樣的小事都不要有差錯。

◆法則八：提前報備

和自保型人預先定好的事情，如有任何更改一定要提前告知，以讓他們有充分的調整時間。

婚戀中的「六大地雷」

地雷一：不打招呼，丟掉收藏物品。

「我的塑膠袋怎麼被你扔了？」

地雷二：臨時性的突然變化，來不及準備。

「不是說好你去接孩子的嗎？我都安排好其它事了，你怎麼變來變去的？」

地雷三：移動習慣放置的物品，導致找不到。

「你整理書房，不要把我攤開的書隨便插進去，害我找了半天！」

地雷四：浪費時間、金錢、食物，不愛惜物品。

「你在風景區買這樣的衣服幹嘛？性價比太低了，而且你能穿幾次？完全是浪費。」

地雷五：說好的事情，沒有做到。

「我不是跟你說是六味地黃丸嗎？怎麼買回來杞菊地黃丸？」

地雷六：不間斷、無休止地過分黏人。

「看電視就好好看，不要一直貼著我，太熱了，不舒服。」

一對一型要浪漫

一對一型愛的表達方式是「獨寵你，給你浪漫的偏愛」。

「沒有該結婚的年紀，只有該結婚的真愛」是一對一型人婚戀的核心價值觀，一對一型人追求的是純粹的真愛，「斯人若彩虹，遇上方知有」，對於他們來說愛只有0和100的區別，中間的數字約等於0，要麼深愛，要麼不愛。他們是愛情至上者，也是最崇尚終生戀愛的人。

一對一型人的真愛就是把伴侶放在自己心

裡第一位，是最重要的唯一，希望彼此是對方永遠的「偏愛」和「例外」。為了確認自己在對方心裡的重要性，他們喜歡把自己跟一切對比，我重要還是你的工作重要？我重要還是你的朋友重要？甚至和父母、孩子、寵物也要比……他們最容易吃醋、嫉妒、競爭，甚至連朋友關係也經常如此，他們永遠想要那個「最」。

一對一型人在伴侶眼中很任性，黏人，折騰人，他們每天都害怕失去連接，對他們來說，無回應之地就是絕境，絕不誇張！一對一型人也是最容易為愛妥協的，可以為對方調整、突破、改變自己，願意為愛克服一切困難去奔赴，可以為愛傾我所有，為愛放棄一切。

一對一型人經常愛到失去自己，以伴侶的好惡為好惡。一旦吵起架來，常常是「說著最狠的話，做著最慫的事」，因為愛，他們什麼都介意，也因為愛，他們什麼都能忍。

經典的愛情電影和言情小說裡描繪的諸如神雕俠侶、神仙眷侶、靈魂伴侶、雙生火焰、雙宿雙飛、三生三世，這樣的愛情幾乎都是兩個一對一型之間的愛，否則誰會看呢？

愛的關鍵字是捨得、感覺、專屬、隨心、重情、黏人

在親密關係中，一對一型有些常見的經典對白：

「你為什麼盯著那個長頭髮的女孩看呢？是不是你其實很喜歡長頭髮的？」
「你跟誰聊天呢？那麼開心，跟我說話的時候就沒那麼投入呢？」
「你一直拿著手機幹嘛？難道手機比我還重要嗎？」
「你為什麼現在才問我今晚有沒有空？你早先幹嘛了？是在拿我填空嗎？」
「之前我們徹夜長談，有說不完的話，現在為什麼只聊十分鐘就沒話題了？你是不是不愛我了？」
「到底我重要，還是你的貓重要？」
「白天是你，夢裡也是你，睡前是你，醒來也是你，滿腦子都是你。」

伴侶眼中的一對一型

- 過於激烈：情緒震盪，時而興奮，時而低落，任性、無理取鬧、讓人無法招架。
- 需要被大量關注：渴望隨時連接，亂比較，任性、黏人、糾纏。
- 高昂的維護成本：需要時刻在意他的感受，且一旦狀況不好很難哄好。
- 不間斷地追求親密，蠶食他人的能量：沒完沒了地渴望連接，消耗太多時間、精力、能量。

- 依賴性強：他們的幸福有賴於伴侶付出的時間和關注：無法持續給他優先關注，難以滿足他對親密關係的過高期待。

婚戀關係的八大黃金法則

◆法則一：最重要的唯一

一對一型伴侶要的是偏愛，不偏就不是愛，希望在你心裡排在所有人之前，他們會和一切人事物比較在你心裡的重要性，以確認他是不可替代的、最重要的。

◆法則二：重要時刻的陪伴

所謂「重要時刻」，不僅包括情人節、重大節日、紀念日、生病等，還有一對一型人感覺所有重要的時刻。

◆法則三：愛的充分表達

不說出來的愛，就感受不到，愛需要表達，一對一型人喜歡聽到愛的表達。

◆法則四：製造驚喜、浪漫情調

有情趣的驚喜和小浪漫，有時候勝過給他們一件貴重的禮物。

◆法則五：同感共情、心甘情願

心有靈犀才是靈魂伴侶，他們需要彼此心領神會，如果你都不懂，還有誰懂呢？也許你為他們做到了很多，但你不只要做到，心意也要達到，即你對他必須是心甘情願、發自內心的。

◆法則六：傾其所有的捨得

一對一型人可能會突然要一樣昂貴的禮物，只是想看看你是不是捨得，他們如果愛你，不一定會真讓你買。但是一對一型伴侶需要你給出你稀缺的東西，如果你忙就要你的時間，如果你沒錢就要你捨得花錢，這是衡量你心裡在乎的程度。

◆法則七：用心琢磨

如果你買禮物，千萬不要問一對一型人要什麼，他們認為要來的禮物是沒有任何意義的，要去留心觀察他的喜好，例如和他一起逛街時，他在某個物品上多停留了幾秒，或者不經意間提到喜歡什麼，你在心裡暗暗記下來，在一個特別的日子送給他驚喜。

◆法則八：持續關注

一對一型人可能比較黏人，需要持續和你連接，他的電話、訊息一定要及時回，甚至有時候會想開著電話，只是聽對方在打字，要感受到對方「在」，一對一型人最怕「失去連接」，一旦有失連的危險，他們就會開始耍任性。

婚戀中的「六大地雷」

地雷一：紀念日和「重要時刻」的缺席和失陪。

「今天是我們認識八週的日子，你完全不記得了！」

地雷二：有意無意的冷落，沒有回應、回覆。

「為什麼不回訊息，你連上個廁所的時間都沒有嗎？」

地雷三：無法體現他相對於別人的特殊性。

「你送我的東西竟然和送你妹妹的一樣，那我不要了！」

地雷四：不用心，或忽視其投入和用心。

「你難道沒注意我的髮型變了嗎？為什麼你一點也不關注我？」

地雷五：忽視或遺忘對彼此有紀念意義的物品和事件。

「那條圍巾你忘了是我親手一針針織給你的嗎？你竟然丟了?!」

地雷六：在需要陪伴和傾聽的時候切斷連接。

「我現在這麼難過，你卻不陪我！還和你朋友逛街去？你越來越不在乎我了是嗎？」

社群型講大愛

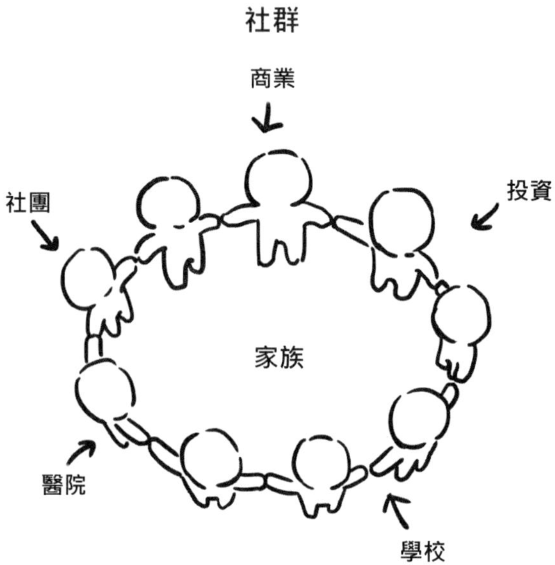

社群型愛的表達方式是「調動我所有的人脈資源來幫你」。

婚姻不只是兩個人的結合，更是兩個家族的結合，這是社群型人婚戀的核心價值觀，社群型人的愛往往超越了「愛情」和「小家」，他們是最有大家族觀念的人，積極融入到夫妻雙方的大家族中，願意為伴侶背後的家族和朋友的事情操持付出。

社群型人常常會花大量的時間在各種

社交圈，看起來不太顧家，如果是兩個社群型人的結合，那家庭就像他們的「旅館」。他們雖然把焦點放在外面，但在他們的心裡面，家人無疑仍是最重要的，只是他們可能看起來更在乎外面的人脈關係。他們不僅要維護伴侶的利益，更要維護伴侶的臉面和雙方家族的體面。他們的努力拚搏，主要是為了提升社會階層和社會形象。

社群型人的愛是典型的「抓大放小」、「重外輕內」，在關鍵時刻，他們會調動自己的一切人脈資源，幫自己的伴侶乃至伴侶的家族成員。家族中有任何事情，社群型人往往會第一個站出來，他們出錢、出力、出資源處理其他人難以解決的大問題。當雙方家族中有老人生病、子女上學，或者面臨找工作、創業、買房等大事情時，如果別人都解決不了，就是社群型發力的重要時刻了。而在沒有大事發生的時候，他們會一直為這一刻做準備，維護將來可能用到的人脈資源。

愛的關鍵字是分享、大事、大局、家族、懂事、無偏

在親密關係中，社群型的常見經典對白是：

「你每次回來都先來看我，而不是先去看你的父母，你家人會怎麼看我？會覺得我這個女朋友不懂事。」

「大家一起的時候，你不要只幫我夾菜，這樣別人會認為我們在秀恩愛，太尷尬了。」

「喝酒不要喝醉，會很難看，不只是丟你的臉，還丟全家的臉。」

「你四十歲了，不是十四歲，發這種太浪漫的朋PO文別人會覺得你幼稚，戀愛腦。」

「人家請你，是尊重你，你不去就是不給面子，不能什麼都看你喜不喜歡，要懂事！」

「錢可以再賺，人不能丟臉！」

「屋頂以下的都是小事，天空以下的是大事。」

社群型人在伴侶眼中的缺點

- 過度在乎他人的想法：太在乎面子，顧慮重重，總覺得我說話、做事丟了人，真心覺得他活得太累。
- 對家以外的活動和事務投入度過高：為了他在大家心中的地位，花了大量時間和精力在集體的事情上。種了大家的田，荒了自己的園。外面打來一個電話就跑，參加各種項目、聚會、活動，幫各種朋友的忙，很晚也不回家。

- 要麼不回家，要麼回家不理人：經常很晚都不回家，陪各種人脈關係，經常是最後一個離場，回來累地躺平，不理人，還使喚人。
- 死要面子，窮大方：為了自己的臉面包太多紅包，投資朋友，太多的請客、送禮。借出去的錢沒還，還不肯要，怕丟臉。
- 注意力焦點的分散，看起來思想不集中，對待事情不深入：焦點太多、太廣、太散，總是表表面面，敷衍我，對一個話題似乎沒能力也不願意深入探討。

婚戀關係的八大黃金法則

◆法則一：懂事、體面、有分寸

家外和家裡不同，出了門必須要懂事、禮貌，說話、做事要注意場合和分寸，不能任性。

◆法則二：維護社會形象

在外講話、做事都要符合自己的身分，不要有任何有失身分和體面的言行舉止，有意識地維護雙方乃至整個家庭、家族的社會形象。

◆法則三：顧全大局

識大體，顧大局，在外要考慮大家，整體，杜絕小家子氣，在外面要把自己和小家利益往後放，多為大家考慮。

◆法則四：靈活應變，察言觀色

根據不同的場合和需要說話、做事，不要一根筋，要靈活，察言觀色。

◆法則五：「小事」不煩，支持「大事」

他的心裡都是大事，家裡的小事不要煩擾，例如孩子報輔導班，水龍頭壞了等等小事不要煩他。

◆法則六：做修整身心的港灣

出門別找他，回家別煩他，社群型人在外面應酬、社交很多，非常疲憊，希望家是他們修整身心的港灣。

◆法則七：願意分享

朋友多了路好走，不要太小氣，財散人聚，財聚人散，不要太計較得失，捨得奉獻，別人也不會虧待咱們。

◆法則八：合群，適應場合

審時度勢，根據不同場合的需要說話、做事，服從大家的安排，不要我行我素，隨意發表觀點，少說多聽。

婚戀中的「六大地雷」

地雷一：公開場合不得體，不懂事，會讓他們尷尬、丟臉。

「千萬不要當著大家的面替我夾菜，太尷尬了。」

地雷二：不願意分享，只顧自己。

「有捨才有得，不要只顧自己，別人會覺得我們家自私、小家子氣。」

地雷三：在外很疲憊，回家還要他做事。

「我很累，不想說話了，你自己倒水吧。」

地雷四：在雞毛蒜皮的小事上麻煩他們。

「水管堵了這種小事，你自己不能搞定嗎？」

地雷五：任性，做任何有損他們社會形象的事。

「不能總是看你喜歡不喜歡，不喜歡也不能擺在臉上，你不給人家面子，人家以後就不會給我面子。」

地雷六：阻礙他們參與及組織的「大事」。

「這事是放長線釣大魚，我已經答應大家投資了，不要拖我後腿，丟我臉。」

三種本能類型在婚戀關係中的衝突

我們已經知道三種本能類型的婚戀模式和應對方式，現在到了三大本能「性格對對碰」的時候了，會不會像火星撞地球？他們是如何彼此碰撞的呢？他們會怎麼看彼此？

自保VS一對一：睡沙發＝不愛我？

自保型	一對一型
務實、實用主義	跟隨感覺和心情
重事	重情
計畫、預算	即興、隨性
實效到位	用心連接
親密有界／界限	親密無間／連接
舒適度	親密度
先照顧好自己	忘我，把自己「扔」給對方

自保型和一對一型組成親密關係的主要問題在於，自保型人「務實重事」，注重「計畫」和「實效」，實用主義；一對一型人則「務虛重情」，注重「感覺」和「心情」，且隨性善變。兩種類型的組合會引發很多矛盾。

在親密關係中，自保型人一聊天就容易談事，而一對一型人喜歡有一搭沒一搭地談情，自保型人則經常切斷情感連接去做事，讓一對一型人感受不到愛和重視，容易情緒化、失控、折騰。一對一型人願意基於愛付出很多，但希望自己的付出都是心甘情願的，一旦被自保型人要求，他們反而會拒絕或難以做好。

如果自保型人因為交代過的事情沒做好而責怪一對一型人，一對一型人就會感覺傷心和委屈，認為自保型人把事情、金錢看得比自己還重要，沒有照顧自己的感受，無視了自己付出的感情。而自保型人認為事情沒做到位就是沒用心。

由於自保型人以「事」為先，容易把親密關係中的連接視為事情和任務，而一對一型人則以「情」為先，重視事情背後的「用心」。例如買禮物上，自保型人喜歡對方明確表達需求，一對一型人則喜歡讓對方猜，希望伴侶用心留意和琢磨自己的喜好，在意被關注和被看見，自保型則會專注於滿足實際需求，不太會揣摩猜測，常常把一對一型伴侶的沒有明確提出的需求理解為不需要。

在變更計畫上，兩類人也常有衝突。一對一型人常有一些臨時、即興的想法和玩笑，考驗自保型人是否捨得為他改變，比如臨時決定一起旅行、買個計畫外的禮物。自保型人容易當真，就會認真落實，由於他不喜歡變化，當理解了一對一的小心思，可能會與之產生衝突。

關於親密關係中的界限感，兩人分歧更大：自保型人要「親密有界」，一對一型要「親密無間」。自保型人嫌棄一對一型人太黏人，一對一型人則把自保型人的「獨處」和「界限」視為對自己不夠愛的表現。

另外，一對一型人在親密關係中容易失去自己，把自己「扔」給對方，而自保型人認為要先照顧好自己，這會讓一對一型人感到自保型人自私、自我中心。

案例1 朱先生的失敗約會

自保型朱先生和他的一對一型妻子小麗談戀愛時，約會經費一般都由朱先生負擔。有一次他們約好去某景點遊玩，小麗在風景區門口一家服裝店裡看中了一件很貴的衣服，價格占了當時朱先生大半個月的薪水，如果買了的話當天經費就會大大超支。

朱先生：「今天我們是來景點遊玩的，不是來買衣服的，買了這件衣服的話後面景點遊玩的費用就要縮水了。」

小麗：「我就是喜歡這件衣服，我就想買！多花點錢就多花點了，或者行程改一下也可以啊！」

朱先生：「行程是之前定好的，怎麼能隨便改呢？再說在景區的店裡買不划算的。」

小麗很不高興：「你就是太死板，就是不肯為我花錢！我不買了！景點也不去了！回家！」

約會之旅不歡而散。第二天朱先生為了挽回小麗的心情，偷偷跑去那家店買了那件衣服，「滿足你的要求了，你總該開心點了吧！」，但是小麗仍然不開心，不屑地說：「有什麼好開心的？你當時捨不得買，現在買回來我也沒感覺了！」

案例2 睡沙發＝不愛我？

一對一型老婆小豔抱怨自保型老公大生總是會睡在沙發上，甚至有些時候，大生本來是睡在床上的，卻半夜爬起來去睡沙發，小豔對此很不理解，也非常介意，覺得這是感情出現危機的標誌。

小豔實在受不了了，質問大生：「為什麼你老不回房間睡覺，那麼喜歡睡沙發啊？是不是不愛我了？」

大生說：「我回來太晚了，比較累，不想洗澡，也不想影響你休息，所以我就乾脆睡沙發了！」

小豔反駁道：「沒關係，我不介意！反正你以後不管怎樣都必須回房間睡覺！而且你有時候夜裡自己爬起來睡沙發，就這麼嫌棄和我一起睡嗎？」

大生只好解釋說：「我經常加班工作那麼累，睡沙發我也是為了睡眠品質，你喜歡抱著睡，抱太緊我不舒服，而且你睡相不好，一會又把我擠到一邊，我一點空間都沒了，夜裡經常被你弄醒，所以只好去沙發再睡一會。」

案例 3 跑了半座城給你買的小龍蝦，你說不吃就不吃？

一對一型女友可可突然說好想吃小龍蝦，自保型男友大力決定買給他，但是可可喜歡吃的那種小龍蝦距離他工作的地方很遠，要跨過半座城。

於是，大力特地請了兩個小時假，推掉了一個客戶，排了一小時隊，終於買到了小龍蝦。買回來後，可可吃了幾隻，就說不想吃了，沒有想像的好吃。

大力很生氣：「我花了一下午時間，跑那麼遠買龍蝦，你說不吃就不吃？」雖然他不太愛吃龍蝦，但還是氣呼呼地把龍蝦吃完了。

可可說：「你對我的愛，我收到了，龍蝦吃不吃不重要嘛。」

大力聽了更生氣：「我的時間、精力都花掉了，你說不吃就不吃，太浪費了，等於我白跑一趟！」

在自保型人與一對一型人的親密關係中，雙方完全可以利用彼此的特質在生活中互補：自保型人發揮實用主義的特質，為家庭提供基本保障；一對一型人用他善於開拓的特質，創業或從事一些風險高收益也高的行業。而在情感中，雙方應多理解對方的本能需求和與自己的衝突本質，尋找雙方情感上的需求交集，多溝通理解，定能實現一段美好的親密關係。

社群VS一對一：我要的是約會，不是聚會

社群型	一對一型
顧全大局	小情小愛
雙方家族	二人世界
分享、共用	專屬、偏愛
適應群體	個性表達
外人優先	伴侶優先

廣泛連接	深入連接
先照顧好自己	忘我，把自己「扔」給對方

社群型與一對一型組成親密關係的核心衝突點在於社群型人總是「外人優先」，一對一型人則希望「伴侶優先」。

一對一型人認為自己無論何時都應該擺伴侶心中的第一位，而社群型人則認為伴侶是自己人，是後援支持者，要以外面的朋友為先，希望一對一型伴侶懂事，不要任性。這容易引發雙方的衝突。

一對一型人強調專屬性和偏愛，社群型則強調共用和兼顧大家。無論是雙方共處的時間還是物品，一對一型人都希望獨佔，而社群型人傾向於分享。專屬於共用是兩人常見的衝突。

社群型人除了家裡為數不多的大事，一般都會以外面的事情和朋友為先，他們對家人心不在焉卻朋友至上會深深刺痛一對一型伴侶。同時社群型人經常共用本屬於二人世界的東西，比如把約會變成聚會，甚至把一對一型人專門買給自己的東西分享給朋友。一對一型的伴侶希望彼此有專屬的禮物，反感社群的批發式贈禮和共用、轉贈禮物。一對一型人會深感受傷，仿佛在社群型伴侶心中，任何外人，哪怕是不熟的朋友、很遠的親戚都比自己重要。

在公眾場合，社群型人避免突出親密關係，更強調「我們大家都一樣」，任何可能被大家誤解為「秀恩愛」的行為，社群型人都覺得不得體、沒面子，如果一對一型伴侶在正式場合單獨給伴侶夾菜或者倒飲料等親密行為，社群型會覺得不得體、丟臉，這也會讓一對一型伴侶受傷。所以很多一對一型人不太願意和社群型人出去聚會，見朋友，寧願在家裡「獨守空房」，也不想再聚會上「失落委屈」。

此外，社群型人不喜歡太深入的溝通和連接，他們的人際關係廣而不深，而追求親密連接的深度是一對一型人所喜歡的。社群型的深度連接很難持久，往往徒留一對一型伴侶意猶未盡暗自神傷。

在對於婚姻的態度上，兩種類型對「家」也分別有不同的定義。社群型對「家庭」的定義範圍更大，包括了整個家族，他們會為家族做很多事，承擔很多超越小家庭的責任。社群型人對親密關係的付出，往往是支持對方的大家族，但這一點並不是一對一型所關注的。一對一型人更看重二人世界的小家庭，他們希望對方把焦點放在我們兩個人的情感，我們的小家庭，而不是彼此的大家族。

案例1 我要的是約會，不是聚會

一對一型老婆小英經常吐槽社群型老公「重友輕色」，到週末了，她想和老公一起去爬山，老公說：「好啊，我問問小張他們兩口子有沒有空，人多了熱鬧。」小英老婆很生氣，堅持要兩個人單獨爬山，兩人為此經常吵架。

還有一回，小英的生日快到了，老公說：「巧了！我一個朋友和你一天生日，要不一起過吧？」這讓小英很氣憤：「我才不要！你要麼單獨陪我過生日，要麼你自己去和你朋友過！」老公很無奈，只好各買一個蛋糕，先陪小英在家吃了蛋糕，再趕過去為朋友慶祝生日。

案例2 社交場，要不要這麼有個性？

一對一型小娟經常和社群型老公共同出席一些社交活動，小娟特別喜歡發表個人觀點，表明自己的立場。老公私下對她說：「以後你要聊大家關心的事，不要只聊你關心的事。你怎麼樣，你喜歡什麼，這都不重要，重要的是大家關心什麼。你得懂事，多去配合別人，不要太突出自己。」

小娟說：「我真實表達自己的想法怎麼了？都要像你那樣虛偽嗎？有什麼想法都不敢說出來，誰還能和你交心？」

老公說：「你可以表達自己，但得分清場合，不能肆無忌憚的表達，不管別人高興不高興，你自己說一通，仿佛你是主角！」

案例 3　「愛面子」的丈夫：外人永遠比我優先

老公小陳是社群型，老婆思思是一對一型。二人經常因為一些瑣事吵架，思思抱怨老公對外人永遠比對她好，小陳則覺得老婆總是耍性子，太任性。

小陳很愛面子，每次都挑高檔的餐廳請客吃飯，可一旦和老婆兩個人在外面吃飯，往往一碗麵就解決了。思思對此很不滿：「他請別人吃飯，多少錢都可以，輪到我就是吃刀削麵。我最恨刀削麵，誰跟我提刀削麵，我跟誰翻臉！」

思思覺得更「虐心」的是老公叫她一起去招待客人，每次都讓她憋一肚子氣，「他照顧別人家的夫人都比我好，他有個朋友王總，那王總夫人愛吃什麼，不愛吃什麼，他一清二楚，就是不知道我這個老婆愛吃什麼，這本來已經讓我很吃醋，但我還得忍著，得照顧他的面子，幫他照顧好那些別人家的夫人。他叫我去接待都是有目的的，比如他要請兩桌，我得幫他陪一桌。他眼裡只有朋友，全程忽略我，如果我抱怨幾句，他永遠是那一句，讓我懂事一點。」

一對一型伴侶需要看到，社群型伴侶所做的一切，有為家庭辦大事而不斷積累人脈資源的長遠考慮，為工作升遷、孩子升學、父母看病、重大項目等家裡的大事鋪路，他們調用自己積累的一切人脈資源為彼此的家族謀劃更長遠的福利。

同時，社群型人也要看到一對一型伴侶對親密關係的付出，他們為維護親密關係、迎合社群型人的需要做了很多遷就和犧牲，他們往往並不享受社群活動，也不理解社群型「重外輕內」的做法，但為了愛，也願意帶著委屈去配合、支持社群型伴侶，維護社群型伴侶的社會形象。社群型千萬不要覺得一對一型伴侶所做的只是基於「懂事」的理所當然，要在私下裡多看見一對一型人，多用點心思撫慰並呵護一對一型伴侶的心，創造一些隻屬於兩個人的深度連接，以滿足一對一型伴侶對二人世界的浪漫期待。

社群VS自保：要面子，還是要過日子？

社群型	自保型
共用	界限
大家利益	小家利益

資源整合／依賴人脈	親力親為／獨立
大事／大局	小事／小家
存人脈	存錢
委婉、變通	固執、直率
要面子	要裡子

自保型人和社群型人組成親密關係，最大的衝突在於自保型人聚焦小家的經濟安全保障，注重「過日子」，社群型人則喜歡參與和奉獻家以外的群體和事務，關注自己在家族和社交圈的「面子」。

社群型人容易為「面子」講排場、鋪張浪費、大手大腳，讓自保型伴侶在經濟上缺乏安全感。社群型人覺得自保型伴侶太摳門、小家子氣、格局太小、鼠目寸光，拖了自己的後腿。他們可能會在花錢、借錢、包紅包上引發巨大衝突。

自保型人恪守的信條是先顧自己，再顧外人。自保型人不能容忍社群型伴侶毫無計畫地把家裡的資源慷慨分享給外人，是「窮大方」。但是，自保型人這種處處為個人和小家精打細算，社群型伴侶會很反感，認為太過小氣吝嗇，格局太小，一心只為自己，丟人！一旦自保型人對小家的保護破壞了社群型人慷慨大方、奉獻集體的社會形象，他們之間的矛盾就會激化。

對於自保型人來說，人與人之間是彼此獨立的，每個人都要獨立靠自己，而社群型則認為人與人之間就像一張網，是相互聯繫，彼此連接的。自保型人「量入為出」，精打細算，個人帳篷裡有多少我就用多少，而社群型人則認為，所有人的「帳篷」裡的東西都可以彼此共用和流動，也可以說社群型人是沒有「帳篷」的。

社群型人在金錢上奉行「財散人聚」，經常借錢給朋友，常有太多爛帳收不回來或者根本不好意思去要。自保型看到有一大堆錢在外面，會著急催促社群型伴侶把錢要回來，然而，十分在意自己在圈子中形象的社群型人很怕「要債」會破壞名聲和人際關係，寧願放棄，對他們來說，關係和名聲比錢更重要。圍繞借錢和要債，二者經常爆發衝突。

自保型人關心「關起門的事」，社群型人看重「門外的事」。

自保型和社群型的夫妻常過成「房東」和「租客」的關係，他們一個在「家裡」，一個在「家外」。在家裡自保型人感覺不到對方在生活細節上的支持和共擔，無論是柴米油鹽還是家人健康等都是他們的關注焦點。在社群型看來這些都是「小事」，自己每天在外面操心的都是「大事」，希望這些「小事」不要麻煩自己，也不願意操心雞毛蒜皮的家庭瑣碎，甚至回家後還希望自保型伴侶照顧自己。

在社群型人看來，不需要動用外面人脈關係的，都可以視為「小事」，自保型人則會覺得社群型人不負責任、不顧家，這會經常引發兩種類型人的激烈衝突。

如果說關起門來的矛盾，社群型還可以忍受，更大的矛盾可能會涉及外人的情況，比如請客時如果社群型人認為自保型人在外人面前丟了面子，一定會十分憤怒，二人衝突不可避免。另外送禮方面兩類人也有很多衝突，社群型人可能會把自保型伴侶私藏的好東西作為禮物送出去，這種不打招呼的送禮會激怒自保型人，甚至會要不顧社群型人的臉面「追回禮物」，由此爆發的家庭矛盾不勝枚舉。

此外，社群型人說話委婉，審時度勢，用語把握輕重，自保型人則喜歡就事論事，說話直接，在公眾場合自保型的直率可能會讓社群型人覺得尷尬，丟面子。

自保型人做事喜歡親力親為，容易事倍功半，社群型人則喜歡整合資源，經常事半功倍。在自保型伴侶辛苦忙碌的時候，他們就打幾個電話，動動嘴皮子就把事情解決了，社群型不喜歡親力親為，但絕不是不負責任、好逸惡勞，他們只是用一種看似輕鬆的方式在做事，而且在需要人脈資源的事情上，他們往往做得更好。

案例1 你到底是要面子，還是要過日子？

有一對夫妻，老婆小琴是自保型，老公宏偉是社群型。宏偉經常抱怨小琴讓他沒面子，很多次請朋友吃飯，小琴總是說：「去樓下的飯店請客就好，實惠，而且菜也好吃。」但是宏偉覺得檔次太低，沒有面子，要去五星級酒店，被小琴大罵：「你就是窮大方，死要面子！」

有一次宏偉請朋友吃飯，小琴不斷跟他抱怨為什麼不能找實惠一點的酒店，讓宏偉非常難堪，更要命的是，在點菜的時候，她會反反覆覆拿菜單上的價格和菜市場的比，還偷偷摸摸說：「這個菜在菜場賣很便宜的，這裡這麼貴，坑人的，不要點！」

還有一次宏偉沒等小琴到就把菜先點好了。小琴到了，看了一下菜單，說：「哎呀，點這麼多呀，這個點多了，這個點貴了……」當著這麼多人的面，宏偉恨不得鑽地縫裡去，又不便發作，回家兩人為此大打出手，差點離婚！

案例2 出門別找我，回家別煩我

林總是社群型，林太太是自保型，林總每天參加很多飯局，見很多人，經常聚會，每天趕場子。林總經常跟老婆說的一句話是「我在前線拚命，你在後方支持」，這是他對老婆最大的需求和期待。

林總最反感的就是在飯局上接到老婆的電話，問他什麼時候回家，以及告訴他家裡的一些瑣事。為這事林總特別警告老婆，絕對不允許打電話問何時回家，有什麼事情回家溝通，家裡的事情都是小事。

然而，林太太受不了的是，林總一到家就攤著，一旦她說：「孩子最近期中考試成績下降了，你看要不要幫他報個補習班？」、「家裡的馬桶又壞了，得修了！」、「家裡的廚房是不是得重新裝修一下……」

林總就氣得指責老婆：「我在外面幹大事都累死了，這些小事你就不能自己處理一下？」

林太太說：「你又不讓打電話找你，你說回家說，但你回家了，也不聽我說。家裡的事、孩子的作業你從來都不管。」

林總憋了一肚子的火終於爆發了：「我為大事忍了那麼多，你這一點小事為什麼不能忍？我陪著討厭的老闆喝了一晚上的酒，你連一個小孩子的作業都搞不定。然後你還找我，你說我不負責任。我在負那麼大的責任，你一個小責任都不負一下？行，下次換你去陪老闆，我來改作業。」

案例3 一個電話就解決的事，幹嘛親力親為？

自保型老黃經常自己在家修理東西，社群型老婆從來不動手。

有一次，家裡的網路壞了，老黃折騰了大半天還沒搞好。老婆嘲笑他：「你幹嘛自己弄呢？」老黃說：「你整天就是動嘴不動手，我自己修好就用不著花錢了。」

結果老婆打了個電話，居然很快有專業人士上門修好了寬頻，還沒花錢。老黃很不解，老婆笑著說：「我人緣好嘛。」

自保型人比較務實，看重實用性，看重現有資源和當前利益；社群型人注重關係，看重潛在資源和長遠利益。自保型人的勤儉持家、操心家事、保護家庭界限與社群型人的會做人、忙於家外去整合社會資源、積累人脈、共用精神是高度互補的，自保的獨立實幹加社群的人脈整合，可以取長補短，創造出更高效的合作。

以上三種關係衝突，都因本能不同引起。如果能彼此理解對方的性格，欣賞不同的優勢，取長補短，無論你和他是哪種類型，都定能增進關係和諧與家庭幸福！

三種自我覺察，塑造好的親密關係

如果想要獲得幸福美滿的婚姻戀愛，除了理解與我們不同的伴侶，還需要在自我覺察上下功夫，在親密關係中修行，最後我們再說說三種本能類型的人關鍵的覺察要點和成長方向。

自保型人在親密關係中的成長

自保型人的務實精神是可貴的，但仍然需要有意識地表達愛，連接伴侶，很多自保型人花了太多精力、金錢去哄一對一型伴侶，實際上，對方要的並非是金錢或者要你做什麼事，而是要和你連接，只需要你有一顆「捨得」的心，一旦你缺乏表達，對方就容易收不到愛。

同時，婚姻戀愛關係畢竟不是合夥開公司，很多事情無法權責利分明，自保型人的「分清責任」的思維，會讓伴侶覺得不舒服，分「你的」和「我的」的界限會影響親密關係愛的傳遞，或者誤解你愛物多過人。

此外，自保型人給家人的「保障」，出發點是好的，但對伴侶來說，比起保障，當下的心情或者人際關係可能更重要。很多自保型人的伴侶也表示他們並不需要保障，覺得小看了自己，而且這樣也會失去更多的可能性。

所以適度的保障是可以的，一旦你過分保障，很辛苦、很焦慮、很委屈，甚至指責是對方導致自己很焦慮，承擔過度，就需要覺察你是不是太過需要那份自保本能的安心和確定，須知這是你的需要，而不一定是對方的需要。

一對一型在親密關係中的成長

一對一型人在親密關係中，要特別留意不要把自己扔給對方，失去了自己，一旦你愛上一個人，你的心就會不自覺受到影響，仿佛只有全方位地關注對方，對方全天候地關注你，你才能感受到那份純粹的真愛，生命的意義。

一對一型人需要覺察，你在無盡的嫉妒、比較中，容易失去自己，也消耗了伴侶。一對一型人的成長，是在關係裡看見自己，保持連接，保持獨立，相信自己值得被愛。

另外，一對一型人熱愛的求偶期的浪漫激情，最後常常是永遠的失落。無數一對一型人一次次戀愛消耗自己的激情，而自保型與社群型的本能類型在求偶期過後就不再尋求浪漫激情了，他們開始養育孩子，賺錢養家，進入自保和社群本能的領域。

社群型人在親密關係中的成長

社群型人容易失去對家人感受和生活細節的關注，享受觥籌交錯、高朋滿座的時光，卻忽視了家裡那個等他的人。

很多社群型人在親密關係裡，不喜歡和對方深入連接，經常「走神」，寧願花時間去聚會、開會，或者討論當下的時政和社會問題，腦子裡都是各種「大事」，這會讓伴侶覺得和你「失連」。

社群型人對談論生活上柴米油鹽的瑣事本能地排斥，覺得與他們所關注的「大事」比起來太瑣碎，不值一提。然而，這會導致和伴侶、孩子相處的時間變少，對生活細節的照顧不足，也會讓親密關係變得疏遠。

此外，社群型人常常在內外形象上很不一致，出門就是「家庭和睦」、「母慈子孝」「公而忘私」，還要伴侶配合自己懂事、有禮貌、有格局，然而回到家可能就變了一副面孔，這會讓伴侶感到你不夠真誠，甚至會質疑你的真心。

如果說「重外輕內」、「重友輕色」是為了社會形象的體面，那麼社群型人對伴侶私下裡多一些關懷和偏愛也是特別需要做的。不要對伴侶在外的言行舉止有太多的挑剔，那是因為你過於在意你的社會形象了。

第4章 三種本能類型的親子關係

自保型家長：有計劃、講規則，怕失控

一會兒吃完飯早點休息，
少看點手機，多看課外書，
飯多吃點，不要挑食，
不能浪費……聽了嗎？
自保

【自保型家長語錄】

「好好學習，好好吃飯。」

「先做完該做的事，再去玩。」

「要有一技之長。」

「今日事，今日畢。」

「從小要養成良好的生活習慣和規律作息！」

「做事要有時間概念。」

「現在你最主要的任務是學習，其它都是不重要的小事。」

「不要好高騖遠，天馬行空，要踏踏實實，做好眼前的事！」

【自保型家長自述案例】

「我是一位自保型的媽媽，孩子小的時候，每次我們全家出去旅行，都是我收拾行李，所有我覺得要用的東西都會帶上，我跟孩子說你自己也把你的東西收拾收拾，她每次都說不用，我們帶個媽就行。

孩子上初中時跟我說，媽媽我以後要賺好多好多的錢，我說為什麼？她說送你去最好的養老院，然後我說：孩子，你只要不花我好多的錢，我自己就可以進最好的養老院了。現在年紀大了，我也更加注重健康，儘量不給孩子添麻煩。我老了也是絕對要靠自己的。在國外上學期間，在餐館打工，生活費她自己負擔，我經常跟孩子說要獨立，要能自己養活自己，你不能靠我養，因為我作為自保型家長，我會考慮很長遠，我畢竟不能陪她一輩子的。

我會為孩子存錢，但只是幫她準備，絕不能讓她依靠我。」

自保型家長對孩子的期待和關注焦點是務實踏實，獨立自立，本分節制，有一技之長，具體如下：

- 有獨立生存能力，靠自己，不依賴他人
- 認真努力學習，有生存危機意識
- 踏實務實，掌握一技之長
- 從小養成良好的生活和學習習慣
- 做事有計劃，說到做到，有時間概念

- 節制，不亂花錢，不攀比、浪費

自保型家長對孩子愛的表達和養育方式如自保型對待其他事一樣：

1 重視學習，關注成績。

自保型家長重視學習，在他們看來這就是孩子的「主業」，除了學習其他都不是事兒。自保型家長也重視學習成績，會給孩子報必需的培訓班，目的主要是為了查漏補缺，提高學習成績或者儲備一技之長。

「你必須先完成作業，再去玩，你現在除了學習，其他都不重要。」

2 嚴格要求孩子遵守約定的標準和規則。

自保型家長基於對孩子健康、學習的考慮，往往會制定比較嚴格的規則，且會堅決貫徹執行，決不放水，且反感別人放水。

如果孩子不遵守他們的標準，違背了他們制定的規則，自保型家長就覺得要失控，只要有一次不遵守，他們就會強硬地執行。

「在我自保型爸爸的概念裡，最晚十點就得睡覺，如果十點了我還慢慢吞吞的沒睡，他就發火了，幾點鐘了還不睡覺，然後他就開始無限上綱了，說說十點不睡覺影響長個子，什麼智力下降了，記憶力下降了，就是各種抱怨，然後強制要求我，各種道理就來了，總之就是要早睡早起之類。」

自保型家長對失控的敏感度是最高的，他們特別害怕失控，包括孩子的健康失控、學習失控、就業失控等等。

3 為孩子提供穩定的物質和生活保障，並教育孩子勤儉節約，量入為出。

自保型家長希望孩子能依靠自己的能力安穩過一生，他們會為孩子存一大筆錢，但不見得會給孩子，對孩子依然是「給我能給的，給你必需的」，存錢只是給未來保底，是一種以備不時之需的保障。

他們喜歡教導孩子獨立解決自己的問題，自己的事情自己做。

「我大學時候和同學一起創業，需要投資，自保型的媽媽覺得不可靠，堅決不給我錢，表示投資這件事，她覺得不要做，有很大風險，如果你一定要做，那就自己想辦法。」

同時，自保型家長認為孩子不能亂花錢。不管家裡有多少錢，自保型家長希望孩子有底線、有界限，平時只滿足孩子的合理需求，杜絕奢華浪費。

4 和孩子劃定界限，要求孩子獨立負責好自己的事情。

自保型家長會和孩子一起做事，但更喜歡的狀態是在同一空間裡，和孩子各自做各自的事情。為孩子選擇學習班他們也會特別考慮「課程對家長配合要求是不是很高」這一條。

自保型家長認為孩子是一個獨立個體，需要自我負責，家長做好家長該做的，孩子也要負責好自己該負責的。

「如果孩子記不清或者記錯老師佈置的作業，我會覺得他學習態度有問題，根本沒認真聽講，自己的事情自己都不用心，這是最不可原諒的！」

5 持續穩定的照顧，隨時滿足生活需要，密切關注身體狀況。

自保型家長對孩子的生活照顧比較細緻，尤其在吃飯這件事上，他們哪怕很忙，也不會讓孩子隨便買點麵包、泡麵、餅乾將就一下。

「我爸爸是自保型，小時候我在家裡吃飯，他老替我夾菜，並說你要按時吃飯，要吃飽，我就覺得他很煩。我說我又不是殘疾人，幹嘛老是幫我夾菜。」

自保型的家長高度重視孩子的身體健康，密切關注孩子的身體狀態——「你怎麼好像有點咳嗽」、「不要久坐，多運動」、「不要熬夜」等等，他們的關心會比較瑣碎、細節，生怕孩子的健康出現任何問題。但過度關注可能會弄巧成拙。

「我很重視孩子的飲食健康，做飯時會考慮膳食營養均衡、科學搭配，我每天要求孩子喝一杯含鈣牛奶，吃一個蘋果。」

6 幫助孩子制定計劃、養成良好的習慣，並嚴格要求。

在孩子的學習和生活上，自保型家長會幫孩子制定一系列的計畫，比如給孩子安排課外班，制定各種學習計畫、鍛鍊計畫，並且他們願意陪孩子貫徹計畫的執行。

他們目標明確，會提前想好：孩子的小學在哪讀？初中在哪讀？並且會提前做好相應的準備工作。

另外，自保型家長相信一個好的習慣服務他終生，他們會幫助孩子養成良好各種習慣。他們，因此當小孩很小的時候，自保型家長就會在這方面嚴格要求。

「樹要從小育，一旦長大了，壞習慣就不好改了，再說也不聽了，來不及了！」

自保型家長也特別喜歡教孩子一些自己實踐總結出來的好方法，比如功課複習方法學、記筆記的方法、物品歸類整理法等等，都很細節、有步驟。

如果孩子自己沒有計劃，或做了計畫不具有可行性，他們就希望孩子能按自己實踐過有效的計畫來學習和生活。如果孩子執意不聽自己的建議，他們可能會故意不提醒，讓孩子自己承受後果，讓他們去體會一下「不聽老人言，吃虧在眼前」。

自保型家長特別反感孩子做事虎頭蛇尾、變來變去，能力上做不到可以協助，態度上不想做絕不可以。

在孩子沒有執行計畫的時候，他們會又擔心又生氣，在突破底線之前他們通常會忍著不說，但認真盯著。

一旦他們認定孩子態度不認真，就會過於計較，突破底線後就沒有商量餘地，此時的他們嚴厲而無情，很難感受孩子的感受，更在意責任的履行、計畫的執行、事情的完成。無論孩子心裡多麼委屈難受，哭也沒有用，必須先完成任務。

「我本來跟孩子說好下午四點開始背單字，結果他三點五十八還在打遊戲，且沒有要結束的意思，這容易讓我爆炸。我認為，定好四點開始，那三點五十結束遊戲，五十五分準備書本，五十八分已經坐在那裡，說四點就四點，不能隨性。」

7 持續關注孩子的狀況變化，確保穩定可控。

自保型家長會關注孩子的動態變化，特別是孩子的「反常」狀況。

「每個週末去接孩子時上車後都會先聊會天，發現有些反常，就會問哎喲你怎麼了，有什麼事情嗎……以半開玩笑地方式進行討論。孩子過於消極時不會直接問，也許什麼都不問而是先讓他過個輕鬆的週末，私下裡跟老師溝通後心裡有數，下週見面後再用以上方式跟孩子溝通。」

8 關注孩子的未來發展，有意識地培養孩子的一技之長。

自保型家長特別關注孩子的提升、發展和成長。他們督促孩子學習更多的技能，提醒孩子進行充分的資源儲備，以應對不確定的未來人生。保型家長對孩子的未來生存問題最為關注。

自保型家長在孩子教育上，也如做其他事一樣，有一定的局限性：

1 對孩子的未來容易過分擔心焦慮，傳遞生活不易的態度。

自保型家長經常很節省，或者無意識地傳遞「生活不易」的態度。

「我兒子模擬考試到了中期，我就跟他說，你現在這個成績，大學是考不上了，你乾脆暑假體驗一下在工地搬磚吧！」

自保型認為的有錢，是他們內心感覺經濟安全了，但這個安全的「閾值」太高，這就顯得他們總是匱乏，總是容易摳。

所以自保型家長要留意自己可能會給孩子帶來的負面影響，避免孩子從自己這繼承不安全感和匱乏感。

2 關注物質和金錢，讓孩子誤會他們愛物、愛錢勝過愛自己。

過於節儉、對孩子消費嚴格要求，都可能讓孩子誤解父母很自私、自我，認為他們愛物、愛錢勝過自己。

因此，自保型家長要有意識地和孩子說些情感表達的話，一起做些看似無用的事情，增進親子之間的情感連接。不然付出了那麼多，但缺了連接，導致親子關係疏遠，那就太遺憾了！

3 因擔心孩子失控所以全面掌控孩子，固執地執行自認為對的標準。

過於掌控孩子，是自保型家長和孩子衝突的重要原因。

全面掌控會給孩子造成很大的困擾，特別是一對一型孩子覺得沒有自由。

在我們的個案中，一對一型孩子因為反抗自保型家長的全面掌控，經常發生暴力的、肢體的、有失體面的、親情碎一地的惡性親子事件。

「我只是要求孩子每天要喝一杯牛奶，我端給他，不知道他怎麼了，堅決不喝，我就堅決要求他喝掉，結果孩子忽然之間就說要離家出走，摔門而出，這到底怎麼了？我真的非常委屈，我只是說讓他喝了這杯牛奶，他怎麼忽然之間就發瘋？」

自保型的家長也很委屈，他們覺得自己就像「老媽子」一樣，天天跟著孩子後面轉，不就是為了孩子好嗎？還要我多卑微？熊孩子不聽話也罷了，還要這樣對我，這不是不孝順嗎？其實，孩子也是個獨立的個體，需要自己的空間。你一定要相信孩子越來越好。

4 把自認為好的方法和習慣強行教給孩子，在教導上執著於過往經驗，死板，缺乏開放性、可能性。

自保型的家長要尊重孩子的意見，看見你們彼此的差異，接受他與你的不同，和他們一起探索更適合他們的做事方法，少一些焦慮，多一些信任，給孩子探索、試錯的空間，每種類型的孩子都可以在自己優勢領域裡獲得成功。

如果遇到缺自保本能的孩子，他們可能總是學不會自保型家長教的那些建議和方法。自保型家長不要覺得孩子是態度問題，不是所有類型孩子都像自保型人那樣自覺、獨立和克制。即便孩子也是自保型，他們也會抵制自保型家長干涉自己的學習和生活習慣，更喜歡探索自己的方法，養成自己的習慣。

自保型家長要明白，人生不僅僅是「保一世周全」的穩定、安全、富足，例如對於缺自保的孩子，新奇、挑戰、挫折、未知的冒險和激情會讓生命更燦爛多彩。

5 需要大量自我空間，容易過快或者強行切斷與孩子的連接。

自保型的家長非常有界限感，哪怕是和孩子一起，陪孩子玩到了預定的結束時間，如果孩子還不盡興，他們往往會態度溫和但堅決地離開，他們不允許孩子干擾自己的事情。孩子會覺得失去了連接，感覺受傷，經常會賭氣不理自保型父母。這時候自保型家長一定要和孩子表達自己對孩子的愛，避免他誤解。

6 情感克制，不善於親密的情感表達，讓孩子感到疏遠、冷淡，缺乏連接。

自保型家長比較實用主義，因此重視給孩子良好的生活保障，卻忽視在情感上和孩子的連接，即便陪伴也多半是當作一個任務，他們往往十分克制，回避直接的、親暱的情感表達，這可能會讓一對一型的孩子感到疏遠冷淡。

7 傾向於傳統、保守，容易抑制孩子的創造力。

自保型家長在價值觀和審美上相對傳統、保守，接受新鮮事物比較慢，如果孩子是一對一型且缺自保的，容易追求潮、美、炫，在髮型、衣著方面的觀點差異，易成為親子關係衝突點。他們擔心一些「越軌」、「不學好」的行為會讓孩子學壞，但這可能會抑制孩子的創造力。

一對一型家長：重感受、建連接，怕失連

【一對一型家長語錄】

「做你自己，你開心快樂最重要！」

「你最喜歡哪個老師？」

「這個……你喜歡嗎？好玩嗎？」

「你在班上有喜歡的男／女同學嗎？」

「我們一起玩……吧」

「買！你喜歡就買！」

「不想做就別做！」

「成績是次要的，開心就好」

「作業沒做完就不要做了，明天我和老師說。」

「老師批評你，我也很難過。」

「先玩會遊戲，再做作業！」

「媽媽超級超級愛你！」

【一對一型家長自述案例】

「我是一對一型媽媽，用我女兒的話就是媽媽秒變母老虎，我好的時候跟她跟一個人似的，什麼都可以，什麼都允許，完全釋放她的天性，我可以跟她一起在地上打滾，天使般的微笑，閨蜜式的寵愛，但突然她也會迎來一張兇狠的臉。

我對孩子是最平等的，我覺得我們就是好朋友，我們可以處成好閨蜜，所以孩子也會感覺到輕鬆平等，很舒服。當然，我也會突然心情不好，對孩子態度大變，可能就是在外面心情不是太好，或者說在家裡跟我老公心情不好的時候，跟孩子其實是沒關係的。正常情況下，我跟她特別好的時候，她突然說：「媽媽晚上我不想在家，你帶我出去吃，好不好？」像這種情況，好的時候會說：「好的呀，你想吃什麼？媽媽也想出去吃，那我們一起吃」。但如果不好的時候，我會沒好氣地說：「你吃什麼吃，在家裡吃不行嗎？家裡飯不香嗎？非要出去吃嗎？」我學了九型以後就知道了自己的問題，然後我就慢慢跟她溝通，也不是一下就能改的。我告訴孩子：當媽媽跟你發脾氣的時候，你提醒我一下說：媽媽你又發脾氣了。

我是比較開明的，女兒後來考上了不太理想的高中，她不想上，自己選了喜歡的動漫專業去讀職高，我欣然同意，只要是自己喜歡的，不一定要透過讀高中才能完成夢想。但是，你自己選的方向，你要堅持走下去。把喜愛的變成熱愛，把熱愛的變成夢想，把夢想變成現實。」

一對一型家長對孩子的期待和關注焦點是希望孩子能跟隨自己的興趣、天賦做喜歡的事，成為自己真心想成為的人：

- 追隨自己的興趣和夢想，按自己的自由意願選擇人生。
- 找到自己內心的熱愛和渴望，享受和堅持自己的興趣愛好，發揮天賦優勢和創造力。
- 關注孩子的精神空間和個性發展，注重心靈、精神層面的陪伴與指引。
- 自由成長，幸福開心
- 用努力獲得未來人生的「自由選擇權」
- 關注性教育和男女性別角色教育。

一對一型家長對孩子愛的表達和養育方式如一對一型對待其他事一樣：

1 用心關注和跟隨孩子不斷變化的情緒、感受、興趣和關注焦點。

一對一型家長善於感受孩子不斷變化的興趣點和關注點，更關心孩子的心靈世界，願意與之建立深度的連接。他們會主動瞭解孩子所鍾愛的人、事、物，瞭解孩子的興趣點和關注點，如喜歡的明星、老師、音樂、遊戲等。

2 主動、即刻、超量滿足孩子需要。

一對一型家長不喜歡「延遲滿足」，想吃就吃，不想吃就不吃，一切要隨性，開心，很多一對一型親子關係真的是「閨蜜式寵愛」。

「週末下午，我女兒喜歡吃下午茶，我們已經有默契了，到了那個時間，她就會發一個訊息說：媽媽你懂的。然後我就馬上下單。她說媽我突然好想吃壽司，一分鐘之內我就把那個我點餐截圖就發給她了，她沒說吃哪個口味，我就都點了一輪，任意挑選。女兒也是一對一型，她吃的時候，如果只有一個，她會留一半給我。」

3 建立深入的情感連接，喜歡用擁抱等身體接觸。

他們比自保型和社群型家長和孩子有更多的深度連接，包括擁抱、撫摸等肢體接觸。

4 尊重孩子的喜好和興趣，用心捕捉孩子的內心渴望。

一對一型家長可以全面感受孩子的內心渴望，你想做什麼，我就可以做什麼，完全同頻同步。要麼並不太在意孩子是否有實用性的「一技之長」，但很在意孩子能不能發揮特長、天賦和自我實現。

「我女兒小學三年級時，老師推薦去學鋼琴，但她好像對鋼琴並不是很感興趣，我問那你想學什麼？她也不知道，我就讓老師帶著她把培訓班裡所有的樂器全試一遍，試過以後我說你一旦選擇了，你自己堅持到底，我不會逼你，後來她就選那個古箏，然後她就一直學下去了。」

5 邀請孩子共同體驗新鮮事物。

他們會把對新鮮事物的關注傳遞給孩子，比如邀請孩子一起上個九型課，一起旅遊，一起下河抓魚，讀同一本書，看同一部電影，一起分享擁有的快樂時光。他們相信，共同體驗新鮮事物，共處的快樂給孩子留下難忘而深刻的兒時回憶。

6 啟發式的心靈陪伴，給孩子充分的自由和允許。

一對一型家長注重心靈陪伴和精神引領，會給孩子充分的自由空間，諸如電影《銀河補習班》裡的那位啟發式的開明父親。

一對一型家長與孩子的談話通常是啟發式的，他們是孩子的老師、教練、朋友，也是孩子的心理諮詢師，此時他能放下父母的身分，尊重孩子的內心感受和情緒，「無論你有什麼想法，我都接受、允許。我們一起聊一聊你內心真實的想法是什麼。」這是一種陪伴式的療愈。一對一型家長一般不設限，不設定，允許孩子自由成長，關注孩子的精神和個性發展，希望孩子可以自由地、無拘無束地做自己。

「女兒問我，媽媽，長大了我不結婚，你會生氣嗎？我就說為什麼要生氣呢？你只要過得開心就可以了。還有一次她又問我，媽媽如果將來我是同性戀，你會接受嗎？你會生氣嗎？我說為什麼要生氣啊？只要你覺得開心、幸福，只要你們倆是彼此相愛，彼此接受的就可以了。當時她都哭了，太感動了，媽媽如此開明，不過我提醒她這種話千萬不能讓自保型的爸爸知道！」

一對一型家長在孩子教育上，也如做其他事一樣，有一定的局限性：

1 太顧慮孩子的感受，容易妥協，難以堅持一貫立場，缺乏堅決執行原則的力度。

一對一型在教育孩子時容易出現持續性差、穩定性差，心血來潮，不了了之的問題。儘管他們也會建議孩子早睡早起、吃健康食品，但如果孩子實在不想做，軟磨硬泡，他們很可能會妥協，無法堅持立場，因為他們見不得孩子難受。

這種寵溺和縱容，導致底線不斷被突破，如果另一半是自保型，可能會指責他過度溺愛。

「我也很想讓孩子養成良好的生活作息習慣，譬如吃飯，睡覺，洗漱等等小事情，但總是沒法讓孩子養成規律的習慣，我也缺乏堅持，堅持個幾天就算了。」

一對一型家長的本意是希望孩子開心，自由成長。但如果孩子是自保型、社群型，他們不見得適應一對一型家長的這種養育方式。因此一對一型家長要學會建立界限，不能太縱容和寵溺孩子。

2 情緒不穩定，忽冷忽熱，遷怒孩子，讓孩子沒有安全感。

一對一型家長的情緒問題不容忽視。他們自己情緒或狀態不好時，不但做不到包容體諒，甚至可能把孩子當做「出氣筒」，孩子本身並沒有做錯什麼，卻如同掉入地獄！這種強烈的反差會讓孩子感到不安甚至驚悚，缺乏安全感。

如果是個自保型的孩子，他會覺得一對一型家長狀態太不穩定了，毫無徵兆。如果是個社群型的孩子，他可能會因此輕視父母，覺得父母不夠成熟。

「狀態好的時候，跟孩子很親密，很友善，很慈愛，在我眼裡孩子開心最重要，他就是我的心頭肉。但突然有一天我狀態不好了，看孩子就會不順眼，馬上會質問你作業有沒有寫完？怎麼又考這麼點？我太縱容你了是吧？」

其實這種情況是他們自己的一對一本能沒有得到滿足，因此他們也無法提供一對一的能量給孩子。那個原本天使般的爸爸媽媽，變成了傷害孩子的惡魔。

3 多子女的一對一型家長，會有難以掩飾的「偏愛」，會讓孩子受傷。

一對一型家長，如果生了一個以上的孩子，就要留意自己是否存在「偏愛」的問題。這會造成很多無法逆轉的傷害——讓被偏愛的孩子有恃無恐、被忽視的孩子誠惶誠恐。

「我帶大寶的時候，我覺得好幸福，我就恨不得天天跟他在一起的黏著。我帶二寶的時候我就覺得他好煩，覺得他事很多，我也不是對二寶沒有感情，我有母愛，但我就覺得不是那麼喜歡他。」

4 對因陪伴孩子導致的「不自由」感到壓抑和厭煩，會遷怒於孩子。

現在有那種陪孩子寫作業暴怒的家長，不要以為都是自保型，其實也有很多是一對一型家長，為什麼呢？

因為陪孩子寫作業會讓一對一型家長失去自由。然後你還不好好寫，我本來想要放鬆一下，做點我喜歡的事，結果也沒做成，這個時候，一對一型家長就會抓狂。

「我是一對一型家長，孩子當時數學成績不好，學校每天佈置的《數學學霸》對孩子來說難度太大，孩子每天在這個作業上要耗大量的時間，完成的品質還不好。為此我專門到學校去跟數學老師申請此項作業不做。我這算一個反面教材，最後孩子沒考上好的高中，也許跟我的縱容和溺愛有很大關係。」

5 把自己從小害怕被約束以及現實工作的壓力投射到孩子的學業上。

一對一型家長內心從小害怕被約束的恐懼，可能會投射到孩子的學業上。於是，自我對抗就會外化為和孩子的對抗，如果現實工作不如意，就會更加逼迫孩子好好學習，免得重蹈自己的覆轍。

6 兩個極端：要麼過於關注、過分親密，要麼冷漠、不聞不問。

一對一型家長最重要的成長，是不要把自己的一對一情感需求過度投射到孩子身上，因為孩子就是孩子。如果夫妻感情不好，不要把一對一的情感作為替代，過於傾注到孩子身上。自己一對一情感方面受挫的時候，不要遷怒孩子或者對孩子冷淡，這樣可能導致孩子受到嚴重傷害。很多離異的一對一型家長，最容易出現以上兩種極端狀況。

「我爸是一對一型，他和我媽媽離婚後，我跟著媽媽，因為他恨我媽，所以對我不聞不問，甚至對繼母帶來的孩子都比對我好地多，我一直想不通，我畢竟是親生的孩子啊！」

7 對孩子約束常常存在內在分裂感。

一對一型家長容易走兩個極端，要麼放任自流，想給孩子自由；要麼嚴厲管束，強迫孩子做不願意的事情，要麼在這兩者之間糾結、焦慮。

「我經常跟我兒子說，你以為我想讓你這樣，我也不想，我恨不得你就別上這個學，你痛苦，我也陪你一起痛苦。」

8 任性、過量地給出自己想給的愛。

一對一型家長更可能給孩子超量的深情、超量的連接。他們看起來是非常愛孩子，但實際上有時候會做得比較過，孩子想不想要都得要，哄著孩子要，逼著孩子接受。這樣做其實滿足的是家長的需要，不是孩子的需要。

其實，不是給自己想給的就是愛，如果孩子不善表達自己的需求，家長就更要注意觀察，不要輕易把孩子的沉默理解為接受。

「我是一對一型的媽媽，我的孩子是社群型。在小學畢業的時候，家長要給孩子寫一封信，我就當成大事，然後我寫了很多，我以為孩子看了以後會感動到淚流滿面，結果他說這個作業很浪費時間，打開一看，笑著說，媽媽你還挺會寫作文的。」

自保型和社群型的孩子可能並不那麼適應一對一型家長的深情寵愛，對孩子來講，你要給予孩子想要的，而不是你想給的。

社群型家長：愛講理、要世面，怕丟臉

【社群型家長經典語錄】

「要大方一點，請同學吃東西，不要就自己吃，顯得小家子氣！」

「你不要老在家裡待著，出去找其他小朋友玩玩不行嗎？」

「寧可吃不飽，也不要搶！」

「你要和親戚多走動，親戚不走動就淡了，不能過絕戶日子。」

「這是誰誰家的誰誰，你們加個微信，都在一個學校，有個照應。」

「在外要懂規矩，識大體，有禮貌，不能給別人添麻煩。」

「不要總是考慮自己，要多想想別人。」

【社群型家長經自述案例】

「我是社群型的媽媽，我女兒十四歲，我一直不記得她幾年級，幾班。前幾天我跟她說今年中考畢業了，我帶你去成都玩，她說我今年才上初二呢，瞬間尷尬了。

有一次朋友帶孩子來我家玩，看到女兒的玩具了，我就說我把這個玩具送給妹妹吧，她就是不肯，當時我就很尷尬。等別人走後，我就會把她從房間叫出來，說你都這麼大了，要懂事，你要懂得分享，要大氣一點，你這樣不給別人，別人會說我們很小氣的。

週末，只要她說跟朋友出去玩要錢，我都會給他多一點，並囑咐她要請同學吃東西，不能買東西就自己吃，這樣顯得小家子氣！

她買衣服的時候喜歡在網上買有個性的，我看到價格這麼便宜，我就不同意她買，說你要買衣服，我們去商場裡面買品質好一點的貴一點的，跟她講女孩子穿衣服要穿得大方得體。

我跟她講得最多的話是：你不要只管你自己的喜好，從小要就懂事一點，要考慮一下周圍人的感受，要合群，這樣長大了才受歡迎。」

社群型家長對孩子的關注焦點是希望孩子成為一個善於合作和分享，對社會有貢獻、有擔當、有格局、有價值的「適者生存」型人才。

- 在自己的小圈子裡「吃得開」，善於運用人際關係資源解決問題。
- 人際關係好，在同學中名聲好；能擔任班級職務，為團體獨當一面；善於協作，有組織協調能力
- 大方，有分享精神

- 懂事，自我克制，懂禮節，有禮貌
- 靈活應變、適應場合

社群型家長對孩子愛的表達和養育方式如社群型對待其他事一樣：

1 鼓勵孩子的分享精神，學會禮尚往來，學做人。

社群型家長非常擔心孩子小氣、摳門，只顧自己，不願意分享自己的東西，社群本能就是共用資源的，不要老是分「你的」、「我的」，否則以後在社會上無法立足，人際關係會有問題，他們會給孩子相對多的零花錢，那是希望孩子不要只顧自己，要兼顧大家，慷慨大方，多請同學吃飯，買買禮物給同學。

「孩子們同學之間都會互相送點什麼小禮物，如果孩子不會回禮，我總是旁敲側擊提醒她：你不得回送人家些什麼嗎？你老拿人家的好意思嗎？」

2 積極組織並創造條件讓孩子發起或參加社交活動，並在活動中關注孩子的表現，事後指出需要改正的地方。

他們希望孩子是個融入集體、適應環境的人際關係高手，透過多參加學校、班級組織的活動和校外夏令營等團結同學，開闊眼界，增長見識，鍛鍊社交能力；爭取參與活動組織與籌備，學習如何和老師、同學搞好關係，要能察言觀色，隨機應變。活動結束後，他們也會幫助孩子複習指導。

3 尊重孩子圈的「小社會」，培養孩子的自主權，不插手，鍛鍊孩子獨立處理事情的能力（旁觀及暗中支持）。

社群型家長認為孩子之間的事情要他們自己去解決，要學會自己想辦法解決，調動資源，開動腦筋，找小夥伴幫忙，主動聯繫班長和老師，不需要家長出面，許多小矛盾在社群型家長眼中是很棒的鍛鍊機會。

如果孩子遭遇同學孤立或者發生人際衝突，他們也不太會直接找老師或者當事人，他們會幫著孩子分析問題的原因，提供解決問題的思路，鼓勵孩子自己面對和化解衝突。

「孩子過生日，他是主人自己去組織，請小朋友到家裡來，我不參與，就是要培養孩子的一種大人意識，哪怕他才十歲。我可以背後支援，出錢出力，但是我希望他能夠自己當一回小主人，去搞定這些。」

4 注重孩子的閱歷和視野的拓展，帶孩子見世面、存人脈資源。

社群型家長會在孩子願意的情況下，帶孩子去參加各種社交場合，介紹孩子認識自己的朋友，參與自己的朋友聚會或公司組織的親子活動、旅遊等，為孩子的未來發展儲備廣泛的人脈關係資源。

5 圈層選擇，為孩子選擇優質的學習和生活環境（孟母三遷）。

社群型人很重視環境教育，他們認為人是受環境和圈子影響的。所以在圈層選擇上，他們有長遠的打算，比如他們願意花更多的錢為孩子搬到高檔社區，或者讓孩子去一所好學校。

6 抓大放小，給孩子寬鬆、自由、開放的成長環境。

社群型家長是典型的「放養式」育兒。他們做不到事無巨細的關照，相信只要大方向對，孩子就不會跑偏。只要孩子將來能貢獻於社會，說明他有價值且品德好。

因此，社群型家長較少嘮嘮叨叨，只要三觀正，都會比較包容，沒那麼多的千叮嚀、萬囑咐。孩子的很多事情，都讓孩子自己去決定。

「我從小到大對兒子說的最多的一句話是：你將來一定要成為能對國家對民族有貢獻的人，這才不白活一回。」

7 維護孩子的臉面，注重孩子的榮譽。

社群型家長很注意給孩子留面子，把孩子當作「小大人」，平等尊重。比如孩子有缺點錯誤會婉轉提出，不會在外人面前教育孩子。特別是在孩子的朋友、同學面前更會維護孩子的臉面。即便孩子的確有特別不合適的舉動，他們也會是暗示或背後小聲糾正。有些大人喜歡和孩子開玩笑，讓孩子感到不適，社群型家長就會擔心孩子產生心理陰影。他們常常會及時出來圓場，回去以後會給孩子疏導，降低心理傷害的機率。

社群型家長會特別重視孩子帶到家裡的朋友。他們會充分考慮到孩子的面子，熱情接待孩子的朋友們，並全力保障後勤。

社群型家長一般會積極支持學校的各項活動，比如捐款、到學校參加勞動、為學校的事情提供人脈資源等。他們會擔心老師在家長會上點名批評自己和孩子，如果有為班級、學校爭光的事，他們也希望自己的孩子有一份貢獻在裡面，這既是孩子的榮譽，也是家長的榮譽。

「有一次學校有大型活動需要有放飛和平鴿這個高潮環節，我就動用我的人脈資源，想辦法弄了一百隻，孩子也因此感到很榮耀。」

「我很反感老師在群裡公開批評孩子，孩子有任何不好的事情，都希望老師私下跟我交流，正好我的兒子是屬於特別不聽話的那種，頭痛！」

8 注重家風和教養，在社交禮儀、規矩方面的教育和示範。

社群型家長經常會教孩子如何待人接物，出門囑咐孩子，回家後和孩子複習。如果孩子缺社群，會感到壓力。

他們有時候也會安排小孩去親戚家送禮，去之前往往反覆叮嚀，回來後還要詳細問。

社群型家長最注重家風，注重孩子的教養，他們傾向於營造一個好的家庭、家族文化。類似我們王家、我們李家、周家的人要有怎樣的德行、品格、修養等等。

9 在實踐中教導，引導孩子學會察言觀色，觀察環境和人群。

社群型家長喜歡讓孩子在社交互動實踐中學習，會不失時機地引導孩子觀察環境和人群，喜歡就某個社會熱點現象和孩子進行交流討論，看看孩子的觀點和眼界。

社群型家長在孩子教育上，也如做其他事一樣，有一定的局限性：

1 大而化之，缺乏細節上的關注和支持，讓孩子覺得沒有被好好照顧，沒有依靠感。

放養式的教育，會讓孩子感受不到父母的存在，很多小事都得靠自己去解決，會讓孩子有一種無依無靠的感覺。

「小時候，父母經常不在家，爸爸經常社交，然後媽媽也一起追去參加，一日三餐根本指望不上，我和哥哥基本上就天天吃各種泡麵。」

2 讓孩子感覺父母對外人比對自己好。

社群型父母會更多照顧外人，包括做客的小朋友，自己的孩子對比之下會很疑惑，為什麼爸爸媽媽對別人比對我好呢？

3 容易讓孩子成為社交工具，搞形象工程，引發孩子的虛榮心或強烈反感。

社群型父母在社交場，有時候會把孩子作為社交工具，比如讓孩子才藝表演，滿足家長自己的「面子」需要。孩子的學習成績，也會給社群型家長社交的「工具」。這些行為有可能會引發孩子的虛榮心，或者正好相反，讓孩子很反感。

4 社交場「戲精」，內外不一致，讓孩子內心分裂。

社群型家長在外面「父慈子孝」，但是一到家就會變臉；或者在社交場表演「訓斥孩子」。這些因環境和場合而定社交策略，是做給外人看的。

孩子卻無所適從，甚至內心分裂，不知道哪個爸爸／媽媽才是真的，他們難以接受社群型父母這種出門和在家的反差表現。

「有外人在場的時候，孩子犯了錯誤，我不會訓斥孩子，那樣會顯得我很沒有素養，教子無方，我會打圓場，轉移大家注意力，然後悄悄地跟孩子說：等別人都走了，看我怎麼收拾你！此時我的臉上還是掛著笑容，因為怕外人看見。只要外人走了，或者我一進家門，我臉色馬上就變。」

5 缺乏深度的情感連接，且陪伴時間過少。

社群型家長關注點很多，很難注意到孩子的內心世界，加上陪伴時間少，特別容易讓孩子感覺不到和父母的連接。

「我一對一型的兒子很難搞，經常說我假裝在聽，根本就不懂他，我也不知道怎樣才叫懂他？我已經很努力了！我說我懂，他還發火！」

6 教導孩子旁敲側擊，講大道理，不夠直接和具體。

社群型家長在教育孩子的時候也喜歡旁敲側擊，但往往非社群型孩子會聽不懂，這讓他們很困惑，都提示地這麼明顯了，還要我怎麼直接說你？

另外，社群型家長喜歡講大道理，但並不能像自保型家長那樣有具體的落實方案和路徑，他們的「家庭會議」不一定會貫徹落實，雷聲大，雨點小，起不到真正的教導作用。

7 在塑造孩子性格中細緻、堅持、硬拚的精神上會有欠缺。

社群型人更「圓融」一些，不喜歡正面硬剛，善於借力處理事情，但對於需要摳細節，需要堅持的事情上推動力不夠。這一點也會影響孩子的行事風格。

**8 過於強調人際溝通及社會交往，過分焦慮孩子內向、不擅長合作，擔心以後吃

不開，或覺得孩子「不懂事」。

社群型家長會以己度人地認為正常孩子應該善於人際溝通，但缺社群型的孩子往往愛獨處、不愛交際、不善於合作，社群型家長就會很擔心，以為孩子得了「自閉症」或者「社交恐懼症」。

「我缺社群型的兒子至今不同意我說的人際交往的重要性，他依然認為專業技能最重要！我現在學習了本能類型，也完全理解了我們的差異！」

很多社群型家長對此十分擔心，總是找機會帶孩子出門會人，以期克服「自閉」、社交恐懼，但這樣的嘗試往往是不成功的，甚至會讓孩子很反感。

社群型家長需要看到孩子的「內向者優勢」。孩子豐富的內在世界和特殊才能，需要社群型家長用心地去發現，支持、鼓勵和培養。

注意千萬不可強迫缺社群型孩子去社交或者批判他們「不懂事」、「不會說話」、「不禮貌」、「不會為人處世」等，要鼓勵他們把自己專注，感興趣且擅長的部分對外分享，協助缺社群型孩子透過「才能展示」去獲取社群的路徑！

「我鼓勵上高中的兒子主動分享學數學和物理的經驗，告訴他，要打開眼界，你們沒有競爭關係，大家一起學習，互相促進，才能更好的成長！」

同時，社群型家長也要給缺社群型孩子一個緩衝的空間，以信任的態度、等待的耐心，尊重他們自身的節奏，給他們一個適應過程，慢慢帶動他們社交自信和社交能力提升。

自保型孩子：自覺自主、渴望尊重，怕被干涉

自保型孩子的特點

自保型的孩子是很多家長嚴重的「模範小孩」：

1 勤奮努力的乖孩子

自保型的孩子出了不少資優生。不過，無論他們學習成績如何，他們在課業任務完成上都相對自覺，先做作業後玩耍。即便他們沒有先去做作業，心裡也會一直惦記著這件事，會自動地在腦子裡計畫，並在規定的時限之前完成！

所以，如果自保型的孩子很勤奮還學不好，多半是缺乏科學、有效的學習方法。

2 獨立計畫的好孩子

一旦自保型孩子養成了良好的學習習慣，他們會自己尋找和改進學習方法，自行制定學習、娛樂、運動等計畫，對此家長完全不用操心，也不必干涉。

3 注重精華的好學生

自保型的孩子在學習上更習慣於循序漸進，穩步積累，他們喜歡清晰的邏輯和精華，這有助於他們提煉總結。如果老師講得精彩生動，但並無實質性內容，提煉不出收穫要點，他們會覺得浪費時間，擔心課程進度，希望老師完成既定教學任務再行發揮。

一般來說，自保的孩子不會有太多問題，但他們可能會不願意主動求助，想要獨立解決。

自保型孩子的親子養育建議

自保型孩子希望家長可以提供充足的生活照顧和安全的環境，並且可以得到足夠的獨立空間和尊重，如有困難希望獲得實際的支援和依靠。

1 主動溝通，給予孩子實際支持和實用方法。

與自保型孩子主動溝通之前，家長需要先確認他們此時是真的需要你的說明，你沒有打擾到他。主動溝通時要先說事，先幫他解決問題，給予方法，然後再做情感溝通。

2 家長行動要有規律，有變動提前告知，承諾要認真，說到做到。

自保的孩子尤其注重家長的承諾，一般家長在答應的時候他們內心早已有計劃。如果家長做不到就直接說，以免讓孩子感覺你不可靠、不守信。如果家長總是不規律地出現或消失，最好和孩子以前說好，讓自保的孩子感覺到安穩。

家長的計畫只要牽涉到孩子的時間安排，就要提前告知，讓自保型的孩子有一個準備和計畫的時間。不要因為對方是孩子而忽略他的個人安排。

3 給予獨立的個人空間，尊重孩子的學習和生活習慣。

自保的孩子渴望有獨立、安靜的個人空間。如果家長喜歡社交，家裡常來客人，隔音效果又不好，他們會感到被侵犯。

自保型的孩子一般不喜歡被干涉個人習慣，如果家長認為不合理需要改，一定要耐心講明道理，並給予一個漸進改變的過程。

4 確保穩定有序的生活保障和學習生活環境，但要引導孩子適應、接納變化和不確定。

自保型孩子對穩定性比較在意，所以家長不要經常給孩子轉學以企圖提高學習成績，這可能給他們帶來不安感和困擾，反而不利於自保型孩子的學習成績提高。

家長可以適當引導自保型孩子多接納生活中的不確定性。做他的後盾，讓他敢於嘗試走出舒適區。

一對一型孩子：隨性善變、渴望自由，怕不被愛

一對一型孩子的特點及養育建議

一對一型的孩子是三種類型裡最容易讓家長頭痛的，相對來說比較頑皮和折騰，在青春叛逆期更為明顯。簡單來說，一對一型孩子是這樣的：

1 自由精靈——自由地做自己，情感意義驅動上進。

一對一型孩子更渴望自由，崇尚自由地做自己，他們不希望被迫去做不想做的事情，一旦違背自己的心意或者被家長管束、打壓，他們便只有用破壞和對抗的方式去釋放自己的一對一本能。

他們兩極震盪，兩極分化，可能是「別人家的孩子」，也可能會成為「問題少年」。

他們可能因為某個原因就小宇宙爆發，突然變得勤奮、上進。如果他們發現學習只是為成績，沒有特殊的目標和意義，就覺得沒意思，缺乏學習動力。

2 偏科達人——「愛屋及烏」的學習成績和表現。

一對一型孩子在意自己所在乎的人的看法和評價，他們學習上容易偏科。他們還會因為喜歡某個老師而「愛屋及烏」地喜歡他的課，甚至會努力學習獲取老師的關注和認可！他們在意的不是成績本身，而是喜歡的老師對自己的看法。不過，這樣也會有風險，如果老師沒有認可和看見他們，他們就會因愛生恨，徹底放棄這個學科。

當然，一對一孩子也可能會因為不喜歡某個老師，而討厭這個學科。

3 善變而又專注的「小天才」——要麼深深沉浸，要麼難以堅持。

一對一型的孩子可能會有很多興趣愛好，但也很善變，沉迷一段時間就放棄。他們相對缺乏定力和計劃性，容易隨心、隨性、走極端。

一對一型孩子的能量，在於綻放自己的天性，深入自己的愛好。他們也很可能因為他們的喜歡而長時間沉浸和投入，停不下來，甚至通宵達旦。

4 出頭多、愛搞怪——渴望高品質的走心陪伴。

一對一型孩子在無法與父母連接的時候，可能會搞點事情，呈現很多「不可愛」的行為。比如裝病、和同學打架等。有時也會展示一些與年齡不相符合的可愛言行：諸如「哎呀！媽媽，這個筆上的小貓好像在對我笑耶！」等無厘頭的表達。

這些行為的本質是因為孩子的一對一本能沒有得到滿足，他們需要「充電」了。

5 創意天使——充滿創意和想像力，喜歡啟發式、激發式、頓悟式學習。

一對一型孩子喜歡創造性的學習，有感覺才能學會。啟發式、動機式、頓悟式的學習對他們幫助很大，一旦他們的心和某個學科、某個知識連接上了，可能一下子就全懂了。但如果沒有連接上，那麼怎麼學也學不會。

應試教育少不了死記硬背和模式化訓練，這對一對一孩子來說是不友好的。但是社會需要激情，需要創新。因此很多一對一型孩子在學校成績一般，走向社會後卻能真正綻放光輝。

一對一型孩子的親子養育建議

1 為孩子提供高品質的陪伴，建立牢固的情感連結。

一對一型孩子需要高品質的陪伴，需要眼神交流，喜歡愛的語言表達、愛撫、擁抱，家長要用心重視和關注孩子，讓孩子感受到你在用「心」和他們交流，切忌一切刻意和不純粹的「偽陪伴」，例如做他們的監工或者心不在焉地陪伴，實際卻在忙自己的事。

建立和孩子的一對一情感連接，要像對待朋友那樣對待孩子，用平等的語氣和孩子溝通，和他們一起做他們喜歡的事情。

2 關注孩子的興趣愛好，並保護他的夢想。

家長要尊重一對一型孩子的自由、興趣和夢想，讓他們做自己，如果他們只有「三分鐘熱度」也不要批判，更不要強迫孩子繼續學，一切由他們自己決定。

家長要關注孩子跟老師們能否有一對一的連接，如果孩子對某個老師沒感覺、不喜歡，教學效果很難保證。

當一對一型孩子深深投入他的愛好時，可能會忘我地沉浸其中，廢寢忘食，停不下來，甚至主次不分，耽誤正事，此時家長要理解，仍要支持和耐心陪伴，小心呵護孩子的愛好。

如果一對一型孩子突然對某事失去了興趣和熱情，家長要借此觀察孩子的內心地帶——是因為在這件事上沒有做出成績，還是沒得到他們想要的關注、認可、價值感、滿足感，還是遇到了不可逾越的困難等等。找出原因後，才能說明孩子度過瓶頸期，讓孩子體會到堅持和努力帶來的更大滿足。

3 用真心換真心，接納孩子的小任性和獨特的索取愛的方式。

家長要深入瞭解孩子的內心世界，看他們的一對一對象是什麼人、事、物，什麼才能激發他們的活力和熱情。創造機會去激發和點燃他們，關注能讓他們興奮和眼前一亮的人、事、物，及時給他們「充電」，當他的一對一能量滿足了，他們才能精力充沛，滿血復活，安心去做應該做的事。

用愛和接納，擁抱一對一型孩子的「不可愛」——對抗、破壞、無厘頭搞怪、磨蹭、叛逆、各種花樣作死……理解這是他們另類的求關注、求連接的方式。切記，當一對一型孩子最不可愛的時候，往往是他們最需要一對一連接的時候。

不少一對一型的孩子很注重「親手製作小禮物」表達情感，比如親手製作卡片送給家長，家長要高度重視，給予充分的愛的回應。家長也可以用心親手製作一些小禮物贈給他們，禮物雖小，能載深情。

另外，青春期時一對一型孩子的叛逆可能會更明顯，家長需要提前做好心理準備，但這未必是一件壞事。想像一下，如果讓一對一型的乖乖仔、乖乖女都在人生步入中年後才發生遲到的叛逆，成年人的任性所付出的代價很可能讓人無法承受。

社群型孩子：善於協作、渴望奉獻，怕被排擠

社群型孩子的特點及養育建議

社群型的孩子是三種類型裡相對最懂事，有「早熟」傾向，像個「小大人」。這類孩子主要有以下特點：

1 積極參與各項活動的「社交達人」

社群型孩子往往積極參加學校、班級或同學組織的各種活動、聚會，加入各種興趣小組，積極擔任各種學生幹部職務。他們有犧牲和奉獻精神，渴望為集體做貢獻，渴望在各種文體活動中有出彩的表現，在集體活動中發揮重要作用，追求在同學們中的聲望、地位和影響力，獲得家長、老師和同學對他們的支持和認可。

2 善於團體協作的「專案經理」

社群型孩子善於集體協作，喜歡聯合一群小夥伴一起做一件事，共同完成一個目標。比如他們喜歡拉著小夥伴們一起寫，平時就會敏銳地關注哪位同學擅長什麼，寫作業時能有效地分工協作、高效地完成任務。

3 融入和適應環境的「變色龍」

「近朱者赤，近墨者黑」更適合說社群型孩子，相比其他類型，他們更愛跟風，人家打網球他就跟著打網球，人家聽音樂他也跟著聽音樂。學校學風、班級氣氛、同學關係對社群型孩子的影響更大。

一旦社群型孩子因為遭遇排擠、群體風氣、文化差異等原因不能融入同學群體，他們會變得「反社群」，變得孤僻、內向、不自信、成績下降，這對他們的成長極端不利，此時家長務必要瞭解原因，及時更換環境，並給予心理上的支持。

4 向環境學習的「小觀察員」

社群型孩子更看重實踐經驗和應用智慧，老師在教學中如果能提供更寬廣的視野，廣泛結合社會現實靈活講解，就容易讓他們有深入學習的興趣。

不過善於從環境和實踐中學習的他們經常比較早熟，看起來圓滑，這也可能不是一件好事，家長和老師需要理解並予以引導——不只是道理說教，而是在環境和實踐的體驗中引導。

「我是社群型媽媽，在我社群型兒子的成人禮上，長輩來敬酒，他馬上起來雙手捧杯回禮，非常有禮貌，我沒教他這些，但是看了頗為欣慰。」

5 眾望所歸的「小幹部」

擔任班級職務能大大激勵社群型孩子的責任感、榮譽感，當然這個職務需要是正式職位，而非臨時性、非正式的。

社群型孩子可能會更積極參加班級幹部選舉，建立社群自信，並會因為擔任職務而對自己有更高的標準和要求。但同時，一旦社群型孩子在競選中失敗，他們可能會受到打擊，情緒低落，此時家長不要誤解甚至嘲諷孩子貪戀權力，不要因此影響他們的自信，而是要支援他們從落選的陰影中走出來。

對社群型孩子的教養建議

1 給孩子足夠大的空間和足夠好的社交氛圍。

家長從幼稚園開始就要儘量給孩子選擇氣氛和環境好的學校、班級及居住社區。在孩子年齡小時，家長多組織發起一些「親子活動」，這樣既有利於親子關係培養，也有利於社群型孩子在規則、人際關係、控場能力等方面的良性成長。

孩子年齡稍大時，家長要給他們廣闊、自由的社交空間，並給予適當的經濟、人脈資源、經驗和方法上的支援，做好援助和善後工作。

另外，如果社群型孩子說要組織同學們去圖書館一起寫作業，家長不要覺得他們是在玩或偷懶，這樣的學習方式會讓他們更有學習動力、超常發揮。

家長也可以提早的帶社群型孩子加入自己的社交圈，擴大他的視野。

2 維護好孩子的形象和面子。

家長千萬不要在外人面前批評孩子，也要留意自己的言行舉止要得體，不要給社群型孩子丟臉。特別是在孩子的社交圈中，一些可能遭人議論的「丟臉」行為，會讓孩子有不適感或羞恥感。

「我最怕我自保型爸爸在外人面前幫我拚命夾菜，讓我多吃點，要吃飽，特別大家都在的時候，他還搶菜給我，說紅燒肉快沒了，丟臉死了！」

「我去參加家長會，我社群型兒子都會做好詳細的指引圖文，提前畫好我的座位標記，免得我在那問來問去，他覺得很丟人。」

家長要尊重孩子的朋友，尤其孩子的朋友到家裡時，家長要有熱情、接納的態度，這會讓社群型孩子感受到父母的理解之愛。即便孩子真的交了「損友」，在規勸的時候也要講究方法，不能強硬予以否定。

尊重社群型孩子組織、安排活動的自主權，尤其是在孩子的小夥伴面前，家長一定要少介入，可以幕後支持協助，但不能公開。

3　樹立他的信心，讓他走向更廣闊的天空。

家長要留意社群型孩子欠缺細節和精緻，要引導他們腳踏實地做事，讓他們明白唯有真才實學，才能做更大的事。家長要有意識地培養孩子的社會意識和大情懷，支持、帶領和協助孩子參與更大的社會團體活動，例如公益宣傳、愛心捐款等。

不要隨便拿
我的東西！
不要不理我……
這麼大人了……
還不懂人情世故。
自保
一對一
社群

第5章 三種本能類型的金錢關係

自保型有一個「財物帳本」，
一對一型有一個「情感帳本」，
社群型有一個「人情帳本」。

三種本能類型的金錢價值觀對比：
自保型：技能在，錢就來！
一對一型：感覺在，錢就來！
社群型：人脈在，錢就來！

自保型：積少成多地攢錢，花錢花在刀口上。
一對一型：為感覺和意義，為所愛的人和事花錢。
社群型：為面子、圈子、社交、排場、身分花錢。

	自保型	一對一型	社群型
消費／花錢	實用且必需花在刀口上	為感情花錢，即興消費，為感覺買單	人情往來，場合消費
預算	計畫內慷慨大方，計畫外一毛不拔	隨性，不精細，根據感覺隨時調整	大而化之
賺錢	穩定、持續、保底	需要一個點燃自己的「意義」	一起做點「大事」，順便賺錢
借錢	以「不還」為心理準備	要麼慷慨大方，要麼分文不借	慷慨大方，盲目借錢，導致「糊塗帳」
欠錢	很少欠帳，確保一定還上	冒險傾向，容易導致債務危機	拆東牆補西牆
算帳	計算無大小，一筆一筆清	感情至上，不分彼此	人情帳勝過經濟帳
投資理財	保本、低風險、止盈／止損	偏好高風險，無停利／止損點	委託專業人士或跟風投資
存錢	存整積累，為家庭提供保障	拚命存錢／花錢	存錢不如存關係

自保「界限分明」：親兄弟明算帳

「該花的一分不少，不該花的一分不花。」

「不需要的東西，半價也是浪費。」

「錢要花在刀口上。」

「親兄弟明算帳。」

「天上不會掉餡餅。」

「勤勞致富，坐吃山空。」

「給就是給，借就是借，一碼歸一碼。」

「錢可以不還，但不能忘記。」

自保型人在金錢上信奉「精打細算，量入為出」，安全穩定可掌控就是一切。他們在金錢上也很有界限感，而且不需要刻意計算，每一筆帳就能有清晰的概念。

「我在家是我管錢，但我很清楚哪些是替老公保管的，哪些是我可以自由支配的錢，絕不會亂竄。」

1 消費／花錢——實用且必需、花在刀口上

自保型人注重物品的實用性、耐用性、品質和舒適度，而非一味省錢。比如說買衣服，先考慮質地、舒適、耐久，甚至有沒有口袋方便裝東西，再考慮性價比和好不好看。

自保型人買東西會認真考量是否必需，能否用到，確保買的東西能吃完、用完，不浪費。

「不管誰請客，哪怕是別人，點一大桌菜，吃不完又不能打包，我都有點焦慮不安，如果差不多剛好吃完，又很好吃，我就很開心。」

同時，自保型人的消費是以自己的消費標準和消費觀念為原則進行和貫徹的，消費觀傾向於穩定不變。有的自保型人強調節儉就會對於價格非常敏感，有的則強調品質就會對品質質感非常敏感。

2 預算——計畫內慷慨大方，計畫外一毛不拔

自保型人嚴格的消費計畫一旦定了就會比較堅持。有些極端的自保型人，他手裡明明有錢，但是仍然手頭非常緊，原因是他自己設定的計畫。

一對一型：「哇！這裡今天全場五折，半價哦！」

自保型：「不需要的東西，半價也是浪費！」

一對一型：「你太守財奴了吧，你看這裙子打完折才三百元。」

自保型：「你不是已經有兩條這種裙子了嗎？走吧！」

自保型人的預算是「專款專用」。一個自保型人說「沒錢」不是沒有存錢，而是用於某項的預算沒了。

「我去年沒有報九型人格課程，是因為去年計畫用於個人學習培訓的額度用完了，只能等到今年報名了。」

如果自保型人突然發現卡裡的錢被伴侶或者孩子用了，且事先沒有打招呼，也不知道消費了什麼，自保型人就會焦慮不安，因為這侵犯了他們的預算計畫。

3 賺錢——穩定、持續、保底

失業對自保型人來說比失戀可怕太多，有一個穩定、持續的經濟來源對於維持他們的健康層級非常重要。

自保型人內心總是有一個問題在不停地問自己：如果面臨最糟糕的情況，我還能堅持多久？我生活的最低收入需求是多少？這個最低的收入可以滿足我／我的家庭一個怎樣的生存條件？

持續穩定的收入是自保生存底線的保障，自保只有在生存的穩定性被保證的前提下，才能做更深遠的思考和想法。

4 借錢——以「不還」為心理準備

自保型人可能是所有人中借錢最少的，由於他們平時相對節儉，且給人一種不願借錢的感覺，所以也很少會有人跟他們借。只有很重要的家人和朋友，自保型人才會借錢。借錢之前，他們心裡盤算過萬一這錢回不來，能不能承受這個損失？如果能，就借！不能，就不借！

有時自保型人做好了對方不還的心理準備，但他們還是希望對方恪守信用，如果對方失信，會讓自保型人大大失望。

「如果借我錢的人有錢了，卻不還錢，看到他整天吃好的、喝好的、穿好的，還買名牌還買新車，但是就不還我那兩萬塊錢，那完了，我晚上會睡不著覺。」

5 欠錢——很少欠帳，確保一定會還

自保型人不到萬不得已不會向別人借錢，即便是借，也是帳戶有底，心中有數，很多時候，他們借錢只是打一個時間差，他們知道自己一定可以還上，否則不會借。無論借錢對象親疏遠近，他們都同樣有明確的還錢規劃。

6 算帳——計算無大小，一筆一筆清

無論錢多錢少，自保型人要一筆一筆清。他們常因為小錢，和他人發生很大的分歧。一對一型人和社群型人認為算小錢，哪怕是提小錢都傷感情，他們喜歡用模糊的方式回報，比如請客、送禮物。但自保型人需要對每一筆帳都有個交代，說清楚這件事才算完結。

自保型和一對一型是朋友。

有一天中午點外賣，每人一份燒鵝飯，一百元。

一對一：「你先幫我墊一下，回頭給你。」

自保：「好的，那我一起付兩百元。」

兩個月後，一對一型人已經忘了這件事，又在一起點外賣。

自保：「上次那個燒鵝飯的錢你還沒給我吧……」

一對一驚呆了：「上個月你生日我不是請你吃飯了嗎？我們這麼好的朋友，你還和我計較一百多塊？」

自保：「我知道你請我吃飯，但這是兩回事，你可以不給我，但我要提一下，你不給我也可以的。」

一對一：「這點小錢還要提，我真的認清你了。」

自保：「我不是跟你要，就是提一下……」

一對一：「一百轉給你，以後就這樣吧！」

對自保型人來說，清晰本身比金額大小更重要，借的就是借的，給的就是給的，不能模糊不清，一碼歸一碼。

至於算帳，不要誤會自保型人喜歡記帳，自保型人隨時都在計畫，他的腦子是天然帳本，心裡有譜，根本不需要特意記。

7. 投資理財——保本、低風險、停利／止損

自保型人在理財投資上傾向於保守，追求保本、低風險，他們投資但不投機。而且，他們投資不只止損，還會停利，主張「見好就收」，他們害怕無休止的欲望會造成失控，這也是自保型人容易在炒股中獲利的原因。

自保型人雖然希望在金錢上有保障，但是不指望天上掉餡餅。對於從天而降的意外之財，他們反而會有一些不自在、不安。

「我現在就算中了兩千萬，也會把這錢存起來，繼續上班幹活，就跟沒這回事一樣。」

8. 存錢——存整積累，為保障家庭

自保型人會傾向於存一大筆錢作為自己和家庭的最後保底，被稱為家庭最後的經濟保險。

在家庭最關鍵的時候，拿出平時存的錢，那一刻他們會覺得很輕鬆、很開心，似乎之前所有的努力和積攢，都是為了這一刻的給予保障。

自保型人在存錢上，喜歡不斷積累，存錢的額度會不斷提高，且有「整存模式」，不

斷提高自己的「經濟安全線」。

「我大學畢業就存錢，剛開始收入少，哪怕兩百或者五百我也要存起來，我要有一個保障。之前無論存了多少錢，我發現自己一直都很窮，因為一直在存整數，從五十萬存到一百萬，再到一百五十萬、兩百萬。瞭解自己的自保模式後我輕鬆了很多，只需要有一個安全線，就不再一味地存錢，讓自己盡情享受一下生活。」

自保型金錢觀案例 我是代買咖啡還是請你喝咖啡？

自保型人李梅是一家公司的中層管理，有一次她在點咖啡，下屬小米正好看到了，順口說你幫我也點一份吧，然後旁邊的幾個員工說，李總你也幫我一起點了吧，但是這些人後來都沒有給錢，連提都沒有提。這讓李梅很不舒服，員工可能默認為李梅是領導請客很正常，就沒給錢。

後來，李梅為了這件事情和老闆抱怨，幾杯咖啡其實我是能請得起的，但他們怎麼就當成這個事情是我該給的呢？如果請我會說我請，一碼歸一碼，這樣算怎麼回事。

一對一「為感覺買單」：喜歡就會買買買

「賺錢的意義，就是花出去，為了愛的人，愛的事。」

「賺錢不花，就不是你的，等於廢紙。」

「感覺對了，就要買買買！」

「愛你，才花你錢！」

「愛都沒了，還要錢幹嘛？」

「不觸底，怎麼反彈？」

「狠狠賺錢，狠狠花錢！」

「心到，萬物生！」

「喜歡你，我白送給你；不喜歡你，我不賣給你！」

衣服、包包、鞋子、飾品
還有什麼新奇小玩意？
我要買買買！
一對一

一對一型人在金錢上信奉「千金散盡還復來」，感覺在，錢就來了！所以個人財務狀況容易大起大落。

1 花錢／消費：為感情花錢，即興消費，為感覺買單。

一對一型人買東西，只要看對眼，有感覺，就容易衝動消費，不看價格，也不看實用性。

「我經常會因為好看就買，為精美的包裝買單，而不看產品本身。」

雙十一購物節、直播網紅帶貨、商家推出的嘗鮮版、搶先版、體驗版，饑餓行銷、找明星做廣告代言……這些行銷方式都能讓一對一動心。

那麼，促使一對一型人瞬間決定購買的心動感覺到底從何而來？可能是產品的顏值高、介紹的圖片美、有新鮮感，也或者是感人的文案、走心的故事、導購員恰到好處的服務等一切讓他們產生心動感覺的因素。

總之，一對一型人要麼是跟人連接上了，要麼是跟東西連接上了，要麼是跟環境連接上了，無論是哪一種，只要能有一個讓他們怦然心動的點，他們的錢就會跟著動。

「之前我看見一家特別的品牌店，門口放著一個很大的寵物狗雕塑，店裡所有商品都印有寵物狗的圖像，店員講的創始人和寵物狗的故事，真的很感人，深深觸動了我，從此他們家的所有商品，無論是衣服、襪子、鞋子、凳子……我都會買，而且買了很多。」

嘗鮮會刺激一對一型人的消費，新鮮的東西會激發感覺，哪怕體驗過後證明確實不好吃、不好用，是個教訓，下一次也還是「不長記性」。

另外，一對一型人在為所愛的人花錢上，容易毫無界限地奉獻和付出，這是他們金錢出問題的根源。他們把金錢跟感情掛鉤，金錢完全成了愛的表達尺度，在一對一型人看來，錢不能買來愛，卻可以表達愛，為伴侶花錢，重要的是花錢和擁有的比例，而非絕對值。

「我現在月薪兩萬元，上個月花將近一萬九千買給女朋友一雙她心儀已久的鞋子。如果我月入二十萬，我想我會送她價值十九萬的禮物，無論賺多少錢，愛的濃度不能變。」

一對一型人的邏輯是「愛你，才花你錢」，他們一般只花來自他們一對一對象的錢，那是一對一連接的一種儀式感。如果不是他們的一對一對象，他們可能會不接受紅包和錢。比如一對一型人經常說「錢不要了，情我領了」，其實這是對對方委婉地表達拒絕。

找明星做廣告代言主要也是為了打動一對一型人。一對一型人會因為很喜歡某個明星而購買這個明星代言的東西，哪怕這個東西未必真的好用、實用或自己需要，也會因愛屋及烏而購買。

2 預算：隨性，不精細，根據感覺隨時調整。

一對一型人的預算隨時會因為感覺而調整，那些形同虛設的預算經不起感覺的任何波瀾。

例如哪怕預先定好這次出行堅決不能超過一萬塊，最終還是可能花了兩萬。外出一圈，花個乾淨，只留個路費，這是一對一型人經常幹的事。對一對一型人來說，如果預算是一萬，那麼他們可能會覺得九千到一萬五塊都在預算範圍內。

3 賺錢：需要一個點燃自己的「意義」。

一對一型人是賺錢高手，他們會以「意義」為動力賺錢，這個意義就是為了愛的人，愛的事。他們需要一個能點燃他們賺錢動力的目標和理由，為了孩子、為了伴侶、為了父母、為了自由、為了夢寐以求的手機、為了換新車的夢想、為了實現出國旅行的夢想，為了他們所在意的一切。

一旦有了強大的意義推動，他們就開掛了。他們可以奇思妙想、出奇制勝，也可以沒日沒夜、起早貪黑，這種巨大的動力會召喚金錢，讓他們有如神助，很快就賺到錢。如果沒有那種強烈的感覺、情感或是情懷，他們很難有開掛的動力。所以，一對一型人不必去算什麼財運或求財神爺保佑，你不如問問你自己，你什麼時候有感覺，有沒有一個可以推動你去賺錢的強烈意義和理由。

4 借錢：要麼慷慨大方要麼分文不借。

一對一型人在借錢上，對喜歡的人慷慨大方，不喜歡的人則分文不借；有錢的時候慷慨大方，沒錢的時候分文不借。所以借錢也要趁他們在財務的波峰時段，還要關係夠好。

一對一型人經常為愛傷錢，出於強烈的一對一感情而借出去的錢，一旦收不回來，會讓他們陷入被動甚至經濟窘境。

自保型：「你把錢全借給他了？自己一點也不留？」

一對一型：「是啊，那是我最好的朋友，我還跟我媽借了點，全部給他了！」

自保型：「天哪，現在他破產了，沒辦法還了！」

一對一型：「創業總要有風險，不過我不後悔。」

不僅如此，一對一型人給一對一物件借錢還經常不打借條，覺得是基於彼此的深度連接和深厚信任才借錢，但一旦借款人因還不上錢而故意否認這筆錢——「你有借據嗎？有約定還款期限的證據嗎？」這種話對一對一型人來說是一種雙重傷害，既傷了錢，更傷了情。

所以，提醒一對一型人在借錢的時候需要多一份理性，即便感情再好，也要把握分寸和界限。

5 欠錢：冒險傾向，容易導致債務危機。

一對一型人做事情喜歡冒險。他們喜歡搞大項目，不能不溫不火，要搞就搞得大一點，才有激情和感覺，但是這樣也容易造成財務危機。

不過，一對一型人即便欠錢負債，他們的生活品質也未必下降，還想要過有感覺的生活，甚至可能會用借來的錢保持生活品質。

6 算帳：感情至上，不分彼此。

一對一型人對自己喜歡的人很少算帳，「我的就是你的」，他們不太能忍受自保型人的「算小帳」，他們以不算小帳來表達感情——當然這個「小帳」基於他們的消費能力和感情親密程度，有感情的話我就不跟你算，沒感情我就必須跟你算清楚。

「要好的朋友，一兩千都不用算，也不用還，但如果不在意的人，我也很小氣，幾十元也得算清楚。」

「親兄弟明算帳，那算的是大帳，小帳真的算不了，要不然還叫啥兄弟？」

和社群型人不同，一對一型人不算小帳絕不是因為面子，而是因為感情。如果你想和他們切斷感情連結，你通常是還不清的。

一對一型人在婚姻破裂後，愛都沒了，要錢做什麼。他們常以「淨身出戶」為榮，以斤斤計較、走法律程式為恥，這會讓他們吃大虧，但往往還自認為驕傲和純粹。

7 投資理財──偏好高風險，無停利／止損點。

對於金錢，一對一型人身上總有一種賭性，所以在投資理財方面傾向於高風險。對於喜歡震盪的他們來說，大來大去才有感覺。

一對一型人特別喜歡蹭蹭蹭上漲的那種刺激感，導致因貪婪而錯過及時出場或止損機會，有時候明明已經一再下跌，一對一型人的那份「賭性」發作，還是會不斷補倉，他們期待會有一個大反轉的翻盤機會，期待奇蹟發生，這也因此給股市貢獻了大量「韭菜」。

提醒沒有精力去研究股票的非專業投資的一對一型人，千萬不要憑自己的感覺和激情玩股票，否則可能虧得很慘。

8 存錢：拚命存錢／花錢。

一對一型人存錢也存在一種震盪性。他們有時候會拚命存錢，但存到一定的數額的時候，又會一下子全花掉。一對一型人要的就是極端，他們想看看自己到底能存多少，然後再突然來一個「千金散盡」，讓周圍人誤認為他們很有錢。

一對一型人金錢案例　情比金堅

小娟是一對一型，二十年多前遇到了小龍，兩人很快墮入愛河，當時小娟還是一個實習生，總共就存了六千塊錢，知道小龍特別想買一輛摩托車，小娟就把自己存的錢全部拿出來，還到處借錢，給小龍湊了幾千塊錢買了摩托車，借的錢還得自己去還，小娟覺得為了這個感情「我願意傾我所有」。

他們結婚後，小龍想創業。小娟又不遺餘力地支持他，自己不但做了兩份兼職，為小龍賺錢，讓小娟充滿鬥志，經常披星戴月，廢寢忘食。同時，她還不惜跟朋友、家人借錢，一度導致自己也陷入了債臺高築，但為了支持小龍，小娟在所不惜。直到支持小龍把事業終於做起來了。

幾年前，小龍做生意虧了，資金鏈出了很大的問題，他非常焦慮。小娟看他整個人狀態很不好，冒出一個既可怕又極端的想法：「我要買一個高額保險，然後直接去撞車，這樣就可以給他一大筆錢。」當然，幸虧這只是一閃而過的念頭。後來在兩個人「情比金堅」的共同努力下，度過了患難。

社群「人脈就是錢脈」：人在，錢在

「財散人聚，財聚人散。」

「寧可吃大虧，也不傷臉面。」

「人在，錢在。」

「存錢不如存人脈。」

「放長線，釣大魚。」

「傷錢，不能傷臉面。」

「買賣不成情義在。」

「賺錢不重要，重要的是一起辦大事。」

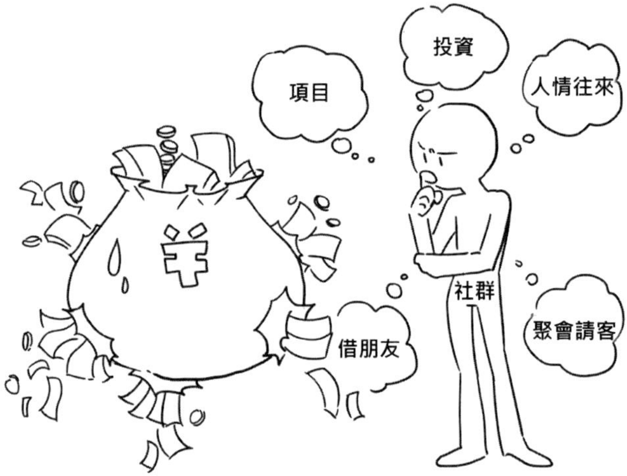

社群型人信奉「人脈就是錢脈」，相比自保型人喜歡「賺錢」，他們更喜歡「賺關係」，他們認為「財聚人散，財散人聚」。

1 消費／花錢：人情往來，場合消費。

社群型人的金錢開銷主要用在請客、送禮等人情往來上，他們會用金錢來維護社交關係網絡，有事人可以不到，錢必須到，而且還不能少給。社群型人在請客方面「厚遠薄近」，越是外人，越要講究排場。家裡人往往只能「沾外人的光」。

自保型老婆：「老三家二寶過周歲，你又包了一萬？兩個孩子你共出了兩萬，我們家有事他們都是幾千，你這樣做有必要嗎？」

社群型老公：「不要算這種小錢，我是老大，不要讓弟弟妹妹覺得我們小氣。」

社群型人在花錢購物上，主要看能否滿足社交需求，是否符合其所在圈子和群體的標準，要得體、合宜、有面兒。他們可能會為了社交需求而產生低性價比消費，比如突然需要參加某個高檔次的場合而緊急購買昂貴服裝。他們買奢侈品，也常常是受到其所在圈子的影響。

所以，社群型人即便在經濟緊張的狀況下，也依然會保持其維護的社會階層的消費水準，這麼做是為了能夠不脫離自己原來所屬的圈子、階層，而並非是為了物質享受。

2 預算：大而化之。

社群型人的預算比較寬泛，上下浮動空間比較大，可以鬆動。社群型人常常因為請客時考慮面子而超出預算，尤其是外地來了親戚朋友，特別是關係不是很熟，又有一定地位和影響力的人。

在社群型人的眼裡，他人的評價和場合的需要比預算本身更為重要。過後他們會安慰自己，畢竟認識了某人，或者解決了什麼問題，還是值得的，以後自己省點就行了。

3 賺錢：一起做點「大事」，順便賺錢。

在賺錢上，社群型人不喜歡直接談賺錢。如果說「我們一起賺個錢」，他們會覺得難為情，他們更傾向於一起做點有意義、有影響力、有社會貢獻和社會價值的「大事」，順便賺點錢。他們可能會參與多個專案，這樣可以贏得更多的機會，哪怕有些項目不賺錢。

社群型人的初心是和一群人在一起整個事，他們常常不經過細緻而深入的研究，想個大概、拍個腦袋就行動，往往結果不理想，甚至不乏有些人借機把錢順走的情況。有的投資項目社群型人並不想做，但可能會為了朋友關係、維護人脈或躋身某個圈子而投錢，這往往會給他們帶來很大的經濟損失。

4 借錢：慷慨大方，盲目借錢，導致糊塗帳。

社群型人認為「做人要大氣」，借錢慷慨大方，對借出的錢不好意思要，甚至因為不好意思打借條而被騙錢。

「我朋友經常以投資的名義來找我借錢，說有個很好的項目你來投資，在這上面的錢我損失還是很大的。還有一次，有個朋友做什麼外匯，讓我去投資，最後帳戶都沒了。我當時覺得他挺專業的，還是朋友的朋友，應該很可靠。」

需要提醒社群型人的是，自保型和一對一型對於「朋友的朋友」是比較有界限的，但社群型人在借錢、投資上最容易毀在朋友的朋友手上，因為他們覺得「朋友的朋友，也是朋友」。

一旦借出的錢人家不還，社群型人在要債方面是最不積極、不主動的，因為這樣會壞了名聲，很多本來可以要回來的錢，也變得有去無回。這往往會遭致自保型家人的不滿。

5 欠錢：拆東牆補西牆。

社群型人也在經濟緊張的時候，也可能會跟經得起考驗的朋友借錢，但由於社群型的錢經常放在很多專案裡，或者借出去收不回來，為了誠信，他們會在規定期限內還錢，但這個時候會跟另一個朋友借，先把這個錢還上，然後再想辦法把錢補上。所以，經常出現「拆東牆補西牆」的事情。

6 算帳：人情帳勝過經濟帳。

社群型人心中的帳，主要是人情，人情比金錢重要，社群型人常掛嘴邊的一句話──「不到萬不得已，輕易不動這個關係」。或者「都動兩次關係了，這關係就沒法動了」。

對社群型人而言，人情是可以量化的。社群型人喜歡「存人脈」，真到了有事的時候，又不想輕易動用人脈，因為他們認為人脈必須花在刀口上，自己能搞定的事，能不用人脈關係的儘量不用。除非是身邊比較重要的朋友需要，社群型人可以幫你們牽線搭橋，此時他們才會動用人脈資源了。

同時，社群型的廣泛人脈關係往往是「弱關係」，並不如自保型和一對一型的人脈關係那麼堅挺，很多是基於資源互換，並非真朋友，因此使用也需要節制。

「我是社群型人，我認為，能用錢解決的事都不是大事，必須動關係解決的事情、牽扯到社交關係網的才是大事。所以我們家裡很多小事情我寧願自己花錢，不去動用人脈關係，我不願輕易欠下人情債」。

7 投資理財：委託專業人士或跟風投資。

在投資理財上，除非是專業人士，社群型人往往沒有耐心看繁雜的資訊資料，或者為了繁雜的手續而浪費時間，一般會委託專業人士，不會親力親為。

出於維護廣泛社交網路的需要，社群型人會「分散理財」，但這並非為了分散風險，而是朋友很多，盛情難卻，索性雨露均沾。

社群型人也會跟風、跟隨形勢投資。但由於社群型人不聚焦，常常對某個投資專案不是很瞭解和精通就跟風投錢，往往沒什麼太好的結果。

8 存錢：存錢不如存關係。

社群型重視存關係勝過存錢，投資人脈會有比攢錢更多、更大的回饋。人脈會給到社群型人深層的安全感和支持力。

遇到任何難事和瓶頸，社群型人會下意識組個局，找幾個好朋友聊一聊，希望透過朋友能給自已指點或者解決辦法。「你放心，有什麼事你找我，你說一聲」，「有我在你怕什麼」等等這樣的話，會讓社群型人覺得特別安心。即便什麼事也沒有實質性地解決，回到家不用擔心了，還覺得特別有底氣。所以，人脈帶給社群型人的支持並不一定是現實層面的，更是一種無形的、潛在的力量。

社群型金錢觀案例　弄巧成拙的答謝宴

社群型的小張常常請自保型的小王幫忙，便想如何來謝謝小王。

由於小張是愛面子的社群型人，小王也有非常精湛的手藝值得說說，小張就準備一個很隆重的答謝宴，安排了一個昂貴的五星級酒店的包間，開席還有各種儀式和排場，有試酒、試菜等流程，甚至還請了幾位有身分地位的人作陪。一道道程序，一場場拍照，觥籌交錯，酒貴菜貴。但是小王覺得這樣太浪費了，這頓飯足足花了將近一萬元，還有很多菜吃不掉，表面感謝大家到來，心裡卻悶悶不樂；而社群型小張卻全程興高采烈，不斷表達對小王和來賓感謝。

小王心裡暗暗想，你願意花這麼多錢感謝我，還不如打了包一萬五紅包來得實惠。這樣的事情頻繁搞了幾次，小王就不再樂於幫小張了，兩個人也漸行漸遠。

三種本能類型金錢關係一覽表

	自保型眼中的他	一對一型眼中的他	社群型眼中的他
自保型	錢花在刀口上、愛存錢、不貪心、經濟保底、積少成多。	小氣吝嗇、自私、精明、不敢突破、死守鐵飯碗。	守財奴、摳門、只看眼前的蠅頭小利、算小帳。
一對一型	憑感覺亂花錢、賭徒心理、衝動購物、買東西性價比太低、敗家。	為愛賺錢和花錢、富貴險中求、錢要流動，花出去才是自己的。	為愛賠錢、一把好牌打的稀爛、難以合作、瞎折騰。
社群型	一筆糊塗帳、被朋友坑、死要面子不要帳，窮大方。	錢都花在不重要的人身上、為朋友亂投資、胡亂合作。	捨得分錢、財散人聚、攢人脈勝過攢錢、傷錢不能傷面子。

三種本能類型如何建立健康的金錢觀

金錢也是一種修行，和成長息息相關。我們已經知道三種本能對金錢有著不同的價值觀和模式，同時也有著不同的執著與盲區，下面就來談談三種本能類型分別在人生的金錢主題上如何覺察和成長。

自保型人在金錢上的覺察與成長

自保型人在金錢上的保守傾向會讓他們失去太多賺錢的機會。自保型的生活好像就在等著事故發生，好用存的錢來抵禦自己和家人所有的不測風雲。自保型人要留意自己對於生活艱難的錯誤預期，不必總是底線思維，思考最壞怎樣，其實我們也可以思考最好會怎樣？

同時，自保型人要覺察自己的「背負」心理，總要為不可靠或者沒飯吃、沒錢治病、支持欠了債的家人。這種強烈的「背負」心理會減輕他們對未來的焦慮感，但也會讓他們活得很辛苦。

所以，自保型人真的必須要背負嗎？真的要執著於為保障子女、父母和伴侶嗎？還是要相信生活的美好可能性，在金錢上少一些匱乏感和焦慮感，覺察自己對不安全感、失控的過分敏感和恐懼，對人生、家人、孩子的未來都要有信心！

即便我們應該省吃儉用、勤儉持家，也可以允許自己生活地舒服、開心一些，無法任何時候都能「物盡其用」，計畫可以有一些冗餘，資源可以有一些浪費。金錢不只是物質，不只是生存資料，不只有使用價值，它也是愛的表達方式，也可以因為開心、愛、榮耀這些無形的價值去花錢，不需要太執著於「花錢在刀口上」，何況是不是「刀口」有時候也只是我們自己的標準。

一對一型人在金錢上的覺察與成長

把愛與金錢掛鉤，是一對一型人的賺錢動力，也是他們的「死穴」。錢可以表達愛，但錢畢竟不能完全等同於情感、感覺。一對一型人還是要學習自保型人，適當地把錢當作錢吧！

多少一對一型人因為愛而傾盡所有，這值得嗎？即便是心甘情願，可還有對孩子、家庭和社會的責任。我們並不是說熱愛不可以用金錢來表達，但一對一型人容易走極端，不給自己留退路。

一對一型人的金錢還毀於感覺和激情，千金散盡不一定再來。對震盪的偏好註定了他們在經濟上的不穩定，高峰過後必有低谷，因此需要對震盪保持警惕。為避免「激情消費」和「徹底虧損」，可以買一些不動產。

也許這種保底的做法不符合一對一本能要的那份對人和事的純粹和極致，卻是無數血的教訓的經驗總結。

社群型人在金錢上的覺察與成長

在金錢上，社群型人的「爛帳」最多，很多都發生在與所謂的「朋友」合作裡。他們真的有那麼多可靠的朋友嗎？能區分誰是真朋友，誰只是人脈資源嗎？

社群型人那麼看重友誼，這種行為可能會傷害到真正的友誼。真朋友會為社群型人的盲目投資和借錢感到擔憂，如果他們輕信那些所謂的「朋友」，反而會讓真朋友——尤其是追求一對一深度連結的朋友——寒了心。

同時，請社群型人不要迷信廣泛人脈，朋友的朋友，未必還是朋友，很多關係都是基於資源互換，一旦落難了，沒有資源了，也就無法互換。所以還得有一定的自保思維和意識，否則在緊要關頭，拆東牆補西牆轉終有一天會轉不開，到那時，如果再身無分文，又有誰來保障社群型人的經濟呢？

第6章 職場中的三種本能類型

一群自保型人站在那，感覺要工作；
一群一對一型人站在那，感覺要表演；
一群社群型人站在那，感覺要開會。

職場中的自保型——執行者：對事不對人

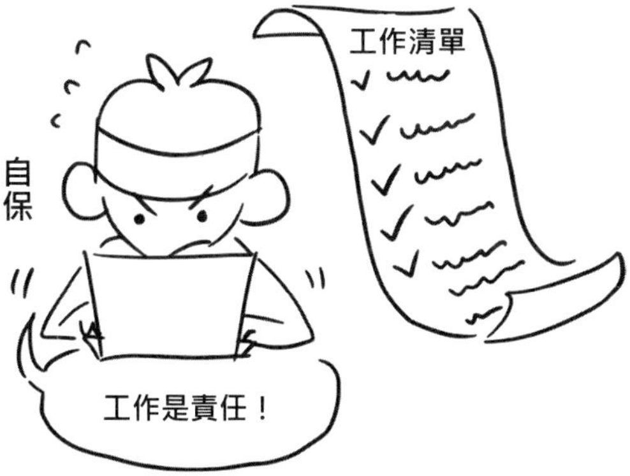

【自保型人職場經典對白】

「我只有一個人，再多事情我安排不過來了。」

「不要沒有預先通知，打亂我的計畫。」

「不要給我畫大餅，我要眼見為實！」

「這個不在我的規劃之內，你不要給我安排進來，安排進來我也沒時間做。」

「不要天花亂墜，一天一個主意，說變就變！」

「你的方案明顯行不通，不要再說了，浪費時間。」

「我沒有把握做好的事，就會拒絕，這是負責。」

【職場中的自保型人的六大關鍵字】

「穩」——追求穩定可控，持續穩定輸出，確保穩定交付。

「實」——務實、踏實、老實。

「省」——為公司省錢。

「軸」——堅持計畫，拒絕突然變化。

「守」——思想保守，遵守規則，信守承諾。

「細」——注重細節、精準，顯微鏡式看漏洞和誤差。

自保型人在職場中的典型行為特點

1 腳踏實地，提前計畫與細節執行，確保事情穩定可控、成果交付。

自保型人是最佳的常規任務執行者，不斷在努力提升自己的工作成果交付能力。當別人還在激動地構畫未來，自保型人馬上就想到操作層面。如果一個項目很大、很有意義，但沒有自保型人願意幹，說明還處於概念和藍圖階段，暫時行不通。

「我最不喜歡主管給我講一些天馬行空的東西，愛誇大的胡扯，我就不想理睬，感覺他吹大了，是在給我畫餅，我不想吃他做的餅。除非他能帶著我去做到，或者他曾經帶別人做到過，光說的我都不信！」

自保型人做事按照輕重緩急有優先次序，不太擅長應對即時、即興的變化。如果突然一件事情插進來，需要調整原計劃，自保型人就相對不能那麼靈活的調整。

「我把今天的時間排得滿滿的，他突然給我安排別的事，我就會跟他發脾氣。」

自保型人經常會設置各種「框框」，如模版、表格、流程等。他們開會喜歡讓成員按「要點列表」發言，而很少讓大家臨場發揮。

如果把自保型人放在一個長期不穩定，一直在變動、冒險、折騰的公司，對自保型人是一種折磨。

「我曾在一家初創公司，有很多變動讓我不適應，比如才定好計畫去執行，但執行到一半，領導又開會換計畫了，去和領導溝通，希望還是按原定方案，領導說要隨機應變，道理我也懂，但總是這樣很消耗，我就離職了。」

2 追求合理報酬，「向下相容」，拒絕過快晉升。

自保型人職責範圍內的事會務必做到，並會客觀評估自己的現有能力，不會追求高於他們能力的收入，否則心有不安。同時，他們也希望自己的付出能獲得合理的報酬。

「我在人力資源這個行業當中，自認為學習能力還行，在不斷成長，公司一直都在給我加薪，而我一直在不斷去匹配公司給我的收入，我就感覺總是在被人推，我不想辜負了這個工資！」

自保型人不僅擔心責任失控，還擔心能力失控，傾向於「向下相容」，寧願做小廟裡的大和尚，不願意做大廟裡的小和尚。他們容易認為自己還需要長期的積累和鍛鍊，明明已經很專業、熟練，卻還把自己當個新人，在很多基層技能上甚至是超過下屬的。

自保型人當然不會拒絕升職，只是不希望晉升過快，超出現有能力範圍，無法勝任或者辜負他人。他們善於處理事，卻不善於和人溝通和談心，升職當領導後責任變大，更多事情要托底，失控的可能性變多，這會大大消耗自保型人的精力。升職雖然可以加薪，但綜合來說，帶來了失控的焦慮和過大的責任，得不償失。

「我一直在管理崗位上不斷升級，但助理的活我也能幹，比如說報銷、複印，有很多上級不會的事，但我是會的。」

3 節約物資、開支，替公司省錢。

哪怕只是基層員工，自保型人也本能地幫公司省錢，節約公司的各項物資和成本開支，比如公司裡的筆、紙等易耗品要確保「物盡其用」，絕不能浪費。

自保型人會在採購和使用上精打細算，有時本需要「外包」的工作，自保型員工也會自己承擔下來，花了很多時間和精力。如果自保型人做財務工作，那更是會替公司精打細算。

「我是公司財務，總是在規定期限的最後一天匯款給供應商。」

4　具有敏銳的生存直覺，追求職業穩定。

自保型人追求安穩，不喜歡變動，如果公司的發展規劃比較穩定，他們也有明確的個人發展規劃，一般不傾向於離職，容易成為某個崗位上的「老員工」、「專家」。

同時，自保型人對風險相對敏感，容易看到公司業務的種種漏洞，他們會不斷評估專案是否行得通，是否靠譜，所有不扎實的事情都存在風險。他們會戴著顯微鏡看事情，是一種基於生存的謹慎。

「我比較容易看到公司業務不行的一面，所以我每次離職半年不到，那塊業務就吹了！」

5 溝通直接、直率，對事不對人。

自保型人在工作中的溝通對事不對人，會直接要求、吩咐，有時候像缺乏人情味的「監工」，這經常會傷害到其它類型同事的感受和感情。即使與同事關係好，也會公事公辦，絕不含糊。

「我自保型同事經常命令式地對我說話，像個監工一樣，不講情面，他說你必須立即把那個一二三四五做好，抓緊時間，務必幾點交給我。我是一對一型，我聽了他那個語氣和態度，哪怕正在做著，也不想做了！」

與自保型人職場溝通「地雷」

- 天馬行空地「畫大餅」，泛談概念和夢想，不落實到具體細節。
- 分內之事打折扣，成果交付不到位。
- 沒有預先通知的突然變化，打亂計畫，無法準備。
- 不履行約定承諾。
- 承擔超出能力和責任界限的事。

自保型人的職場成長建議

1 低估自身實力和潛力，擔心無法勝任，不敢冒險和創新，拒絕發展新機會。

自保型人對不勝任的「恐懼」，可能比不勝任本身更可怕，這威脅到他們的個人能力和責任的安全感，讓他們不敢開始，不敢接手。這就導致很多自保型人沒能拿到與他的品行和能力相匹配的位置。

所以，自保型人需要從更多的成功經驗和他人的認可中不斷積累信心。他們需要分清潛力和現有能力的不同，凡事都有一個發展過程，當前60%的能力勝任也許已經可以開始。

另外，一切求穩是自保型人在職業生涯上的最大障礙，可能失掉很多發展和晉升機會。

有些自保型人明明有機會去大城市發展，卻寧願安穩在自己家鄉的小平臺。還有些自保型人，看到公司搞的股權激勵，認為不僅不是激勵，反而是巨大的失控壓力。

建議不要固守一畝三分地，要勇於嘗試，挑戰更多的可能性。如果是領導者，工作中不要只是自己親力親為，而是如何去授權他人，管理他人，激勵他人，溝通他人。

「我有個自保型員工，工作做得很好，我想給他股份以代替漲薪，我覺得他以前一個月拿幾萬塊錢，現在能夠有機會在未來兩到三年賺幾百萬不是挺好的事嗎？他說老闆不要談共用，咱們談談薪水，我就反應過來了，其實他內心就想要加點薪水。」

2 被細節卡住工作進程，過度強調「獨立」，不求助他人。

職場上硬拚的事基本都會卡死，自保型人要留意自己對「無能」的那份恐懼和對獨立的過度追求，要主動打破自己過強的邊界線。

工作雖然已經分工，但任何工作都服務於整體目的，既是個人的，也是大家的，求助並不意味著能力不行，也不是依賴和麻煩他人，遇到困難一定要開口，這樣事情反而會有更快的進展！

3 過於直率，直接說事，不考慮他人感受。

自保型人需要明白，在工作中，情緒和情感也是一種生產力，太過直率會造成不必要的誤解和傷害，反而會損害效率。所以，工作中在直接說事之前，多關注一下對方的情緒感受。

4 能用自己，就不花錢，消耗大量時間成本，陷入「艱難模式」。

很多自保型人寧願花費巨量的時間成本，不願花費金錢成本。比如為了省錢不報補習班，自己硬考，今年考不上明年繼續考。

同時，自保型人也容易為公司過度省錢，而公司未必感謝他們，這讓很多自保型人感嘆：「說多了都是淚啊！」

自保型人越是焦慮自己的財務安全，就越容易走向「艱難模式」：越沒錢的時候，越捨不得投錢，但越不投錢就越沒錢，這就形成了一個惡性循環。

職場中的自保型人需要反思一些問題：你在什麼時候很容易無休止的陷入了自我困難模式的泥潭呢？是什麼原因導致你不願意花一點點的金錢換取自己的機會和時間呢？你在什麼情況下就越是容易一股腦地去做一些艱難的工作呢？

案例 這樣升職，不如離職——自保型小張的故事

小張是自保型人，工作特別賣力，經常加班，每年能賺很多加班費，由於他出色的工作表現，被領導提拔了，卻差點引發他的辭職。

這是為什麼呢？原因是領導崗位沒有加班費，雖然工資提高了兩萬五千元，但他每個月加班費至少能掙四萬元，升職後拿到手的實際收入銳減，而且責任還大了很多。於是，小張對公司的領導崗位不再計算加班費表示不滿，提出離職。

領導找他談，人力資源部門也找他談。小張最後就說了一句：「如果你們升職前告訴我待遇是這樣的話，我當初就會選擇不升職。」主管很驚訝小張的態度，認為他很短視，竟然不看升職以後若干年他的漲薪，只看當年的收益。

職場中的一對一型創意者：喜歡「挑人」，情大於事

【一對一型人職場經典對白】

「重要的是對這個工作的熱愛，薪資不是關鍵。」

「如果我不想做了，給再高的工資我也待不下去。」

「一旦我覺得這個事有意思或有意義，我就會全力以赴，激情滿滿。」

「也不看看我是誰？只要你一句話，交給我來搞定！」

「狀態好的時候，事情完成特別順利，一氣呵成！」

「我有一個想法，我們做這個吧，肯定特別好，啊？怎麼做，做就行了呀！」

「我心情不好，不想做事情！」

「我很多時候做事，根本沒有計劃，突然之間想做什麼就去做了。」

……

【職場中的一對一型人的六大關鍵字】

「深」——百分之一萬地深入到自己有感覺的工作。

「挑」——挑人、挑事、愛挑戰

「創」——有創新精神，堅持自己的創意和想法

「情」——對人、對事投入感情，也容易情緒化。

「反」——有反抗精神，反對表面工程，反對形式化、工具化、強制化。

「爭」——熱愛與人競爭，無論事情還是他人的關注都要爭

職場中的一對一型人的經典行為特點

1 不穩定發揮，要麼全情投入、驚豔交付，要麼無感機械式完成。

職場中的一對一型人是超級不穩定發揮型選手，他們有兩種工作狀態，一種是注入靈魂的，靈感泉湧，驚豔開掛，他們會廢寢忘食，全天候沉浸其中，追求極致，催生出另闢蹊徑的獨創性方案、石破天驚的突破性成果。他們能用「感覺」啟動洪荒之力，只要有了感覺，再難也不怕。

還有一種是沒感覺、無激情的，此時他們總是「不在狀態」，無法投入靈魂，機械式做事，工作容易卡住，停滯不前。就算他們很努力想認真做好，效果也一般。

一對一型人的感覺突然來的時候，就必須馬上做事，一氣呵成，一直做不能停。只要內心的火點燃了，管它現在幾點幾分，繼續做！無數出彩的作品和成果都是熬夜熬出來的，他們也非常享受這種「心流」式的工作。此刻千萬不要中途打斷他們，讓他們吃飯、睡覺、休息慢慢來，這會讓感覺「斷片」，就前功盡棄了。

「當我突然很想整理客戶資料的時候，我可能會花一個晚上通宵達旦去整理，因為我來感覺了！我就要馬上去做！不理清楚，我心裡不舒服，睡不著覺。我不要慢慢做，事情並不緊急，但我的狀態很難得！」

2 情大於事，關注職場中的情感連接，喜歡「挑人」。

一對一型人在職場中很在意和他們喜歡的領導、同事的感情，如果和領導一對一連接上，甚至可以「士為知己者死」；如果感情出了問題，會影響他們的工作品質。

「A和B說同樣一句話，如果我跟A的關係不錯，即便他說話的語氣跟B說出來的語氣一模一樣，但A說的時候我會很受傷，B說的時候我無所謂。」

很多一對一型人很難被挖走，就是因為和領導或夥伴們的「感情」，這是金錢無法撼動的力量。

「工作中我最在意情感連接，我覺得這決定我的工作動力，薪資不是最重要的。我喜歡的人說什麼話我都喜歡聽，如果不喜歡的人，說得對我也會反對！」

同樣，對於客戶，一對一型人也會有感情和偏愛。他們「公事公辦」的態度未必是好事，那意味著和這個客戶沒有任何情感連接。

「喜歡的客戶，我會偏心，我會主動加服務時間，還要花自己的錢給她買水果，不喜歡的客戶，時間到了立刻結束。」

在商業合作中，如果發現了一個一對一型人和另外一個人合作地挺好，風生水起，不要以為他和別人的合作也會很好。想整合一對一型人合夥是有風險的，他們跟喜歡的人怎麼合作都行，不喜歡的人怎麼合作都不行。

3 競爭意識強，渴望被在意的人特別看見。

一對一型人在職場中有必要或沒必要的都想爭一爭，爭某個機會，爭某個業績，爭一次發言，甚至只是爭一個點贊。有時並不是因為這個競爭有什麼實質性的好處，而是他們想讓某個人看見、青睞或者敬佩。

「如果我做的工作特別好，只要給我點個讚，說你真棒，你比上次更進步了，我的內心就充滿了成就感。」

他們喜歡那種「非我莫屬」的感覺，如果領導者說這是一個特別有難度的項目，其他人都很難做好，此事非你莫屬，會大大激勵一對一型人，讓他們爆發出超常發揮的力量。

職場中的「爭寵式競爭」可以刺激一對一型人把活幹得更好，但也會帶來沒必要的職場「內卷」。

「你做得好，我就做得更好，你只交付了PPT，我交付的不但有PPT，還有短片、表格！」

4 不畏艱難，出奇制勝，創造奇蹟和巔峰。

一對一型人從來不怕艱難開創、從零開始。在創業初期，一對一型人是開疆拓土的創始人或得力的助手，他們有激情、有情懷、不計得失、火力全開，狀態好的時候如入無人之境，能在艱難困苦的環境下黑馬逆襲，迸發靈感，出奇制勝，創造一個又一個「紀錄」「奇蹟」。

然而，一對一型人一旦無法超越自己創造的事業巔峰，就容易走下坡路，進入瓶頸期。如果是別人的巔峰，反而還會刺激他們想要PK的競爭心和鬥志，引起組織的內耗。「別人能做到的，我也能做到，還可以做到更好！但如果無法超越我自己，我才真的痛苦！」

5 用意義和情懷點燃心中的火種。

一對一型人對工作的意義和情懷有一種神聖的純粹，任何摻雜了「俗」物、「俗」念的事情，都會影響一對一型人的熱情，彷彿褻瀆了那份純粹。

「講情懷是特別能打動我的，老闆講情懷時，我內心一下子被點燃，熱血沸騰，那一刻我彷彿不再是一個普通員工，而是他的知己和戰友。」

他們無法像一個「工具人」那樣，只為做事而做事，那是褻瀆他們對這份工作最神聖的情感。一對一型人在離職時，已經沒有能量了，想要挽回也不可能了。

「如果主管跟我說，你只要完成任務就行了，不用有你的想法，我覺得這是在侮辱我的投入和用心，那我幹的這一切又有什麼意義？我一下子就沒勁了，沒動力了！」

與一對一型人職場溝通「地雷」

- 條條框框的約束，干預創意和想法。
- 讓他感覺到沒有被看見，感受被忽略。
- 不認可他的創意和想法，不回應熱情，或把正燃燒的激情拉回現實。
- 打斷他與正熱情投入的工作的連接。
- 為做事而做事，被工具化，否認所投入工作的意義。

一對一型人的職場成長建議

1 情緒化。

職場中的一對一型人很容易情緒化，顯得很「做作」，影響工作效率。他們沒有自保型人那麼穩定，也沒有社群型人那麼懂事。他們明白職場環境傾向於要克制，但感覺不滿，仍然傾向於講出來，不吐不快。

一對一型人的情緒是個寶藏，需要珍惜，所以要管理自己的情緒，讓情緒服務工作成果，而非破壞工作成果，是職場中一對一型人的重要修煉。

2 能量兩極分化，工作狀態不穩定，想法變來變去。

一對一型人是隨心、隨性的，特別容易受個人狀態影響，工作成果和品質不穩定。哪怕以前做成功過的事情，一旦沒有狀態照樣翻車。

一對一型人要客觀評價自己的能力，既不要因為來感覺時的開掛，高估了自己的能力；也不要基於沒感覺的狀態，低估了自己的能力。

同時，一對一型人還需要區分，你所突然提出的想法和點子是要真的去執行的，還是只是一種火花式的興奮分享。一對一的領導者，尤其要注意，不要想一齣是一齣，即興發散，這很容易破壞工作的穩定性和計劃性，傷害到自保型的「老黃牛們」。

「我只是把你們的積極性調動起來了，接下來的事情當然是你們具體去做了！」

3 不按公司要求，堅持自己的想法。

一對一型人常常自己弄一套，付出和投入很多，卻並不是老闆想要的，就像在別人的公司裡創業，領著別人公司的工資，卻開著自己的「個人工作室」，還不容任何人干涉，頂頭上司都不能過來指手畫腳。

所以這需要領導有多大的胸懷才能容忍一對一型員工呢？這樣真的有利於公司嗎？一對一型人想要的和公司想要的真的一致嗎？其實未必。

一對一型人需要留意平衡公司得利益、領導的需求和自己的創意發揮。要不就出來自己創業，真正擁有自己的一方天地，淋漓盡致地發揮你的創意。

4 因情廢事，影響個人職業生涯發展。

一對一型人職業生涯最大的「坑」是「因情廢事」，特別是因為辦公室戀情。一對一型人可能會為這份感情背鍋，比如他，一對一型人扛下經濟的鍋，扛下政治的鍋，甚至扛下刑罰的鍋，願意為對方做一些鋌而走險或者是孤注一擲的事情。

而一旦感情出問題，一對一型就更容易來情緒，不管不顧，任性妄為，甚至經常直接撂挑子走人，工作不交接了，工資也不要了，讓自己的職業生涯飽受巨大的損失。

因此，建議一對一型人在事業上多一分權衡利弊的理智，少一些「因情廢事」，畢竟人生沒有那麼多「重來」的機會。

5 盲目追求巔峰，拒絕平淡，善始不能善終。

一對一型人最能在艱難困苦的條件下創業，卻不太適合守業。

創業之初，他們容易迅速拿到成果，到了後期事業需要穩定的階段，如果他們依然盲目相信自己「天才」般的想法，就可能一敗塗地。他們喜歡不斷超越他人和突破自己，但很難把這種極致作為一種穩定的狀態輸出。創業巔峰過後，一對一型人必然要面對守業的平淡和無聊。

因此，事業抵達巔峰之時，也是一對一型人最危險的時候——「我連這都達成了，還有什麼不可以?!」此時一對一型人一定不要得意忘形，否則開掛過後常常要掛。

驚豔的傳奇，不會是常態。當一對一型人遇到瓶頸或走向下坡路時，切忌盲目冒險、豪賭，其他類型的人不能陪你賭，你的事業也不能允許你去賭。

讓一對一型人負責質變，自保型人負責量變，可能是最佳的事業合作方式。

6 感覺化「挑人」，偏愛式破格提拔，破壞組織規則。

一對一型人在職場或創業中，最容易挑人、挑公司、挑下屬、挑客戶、挑行業、挑外表氣質、挑做事方式。而且他們的「挑」沒有標準，也不管已有的標準。

「這樣的甲方，寧可不賺錢，我也絕不會跟他做生意！」

如果一對一型的領導認可了某個下屬是人才，會全力以赴地支持，給錢，給人，甚至來一個「火箭式提升」，有時候確實會讓「懷才不遇」的基層員工得到施展才華的機會。破格提拔也不是不可以，但如果是只憑感覺、好惡，而不是基於客觀的才能，那就可能破壞組織秩序和框架。

另外，無論在公司任何位置，一對一型人都容易和偏愛的人在一起，形成小團體、小派系，破壞組織的團結。所以，建議一對一人型在事業中理性考量合作，不要明目張膽地偏愛和破格，避免因此帶來不必要的損失。

案例　一對一型人的創業——雄心壯志，因情廢事

「我第一次創業是和閨蜜一起，她不懂業務，就像一個天使投資人，都是我主導，讓我有了寬鬆自主和創造性的工作環境。那時候初生牛犢不怕虎，很拚命，我要對得起她的投資。一開始第一家店做得風生水起，很有特色，最重要的是按照我的創意做出來的，我充滿了成就感，有點盲目自信，就覺得這個模式可以複製，就開始擴張，做連鎖店，最後除了第一家店都倒閉了……

出現這樣風險的時候，閨蜜就有點不相信我了，和我說，我給她一種不安全的感覺，我們的合作就終止了，就這樣，第一個賺錢的店也花完了，然後我把錢都退給了她，真的就是一刀切斷。我自己帶著損失離開了……

第一次創業失敗後，並沒有覺得我能力不夠，而認為是閨蜜不再信任我了，我相信只要我在，後面依然可以東山再起。

於是就有了第二次創業，這一次是為愛情和男朋友一起創業，還是以我為主，做我擅長的。當時從公司成立，到產品研發，到組織架構搭建，都是我一手完成。那時候我倆的感情非常好，可以說在一起不眠不休，並肩作戰，經常一起工作到淩晨兩點，事業一直順

利發展。

直到我們兩個人感情出問題，我就開始任性了，我想工作就工作，不想工作就不工作，甚至我還甩鍋、作妖，很多事情我讓他去做。在這個過程當中折騰來，折騰去，最後感情破裂，事業也走到了終點。真的是情沒了，事業也沒了。

經過這兩次創業的創傷後，我現在沒有創業想法了，我很熱愛現在的這份工作，不為友情，也不為愛情，而是為工作本身。」

職場中的社群型：資源整合者

【社群型人的職場經典對白】

「進了公司門，都是一家人！」

「沒有國家就沒有小家，沒有企業就沒有個人。」

「每個人都是公司的形象代言人。」

「要公平公正，把規則放在檯面上談清楚。」

「團結就是力量。」

「用人所長，容人所短。」

「感謝在座的各位給我這個機會。」

「要顧全大局，少數服從多數，個人利益服從集體利益。」

「看一個人，先要看他有沒有格局！格局決定一個人的高度。」

資源調用者

【職場中社群型人的六大關鍵字】

「廣」——視野廣闊，人脈廣泛。

「遠」——目光長遠、戰略佈局長遠。

「大」——有大格局，要幹大事，賺大錢。

「遊」——為人處世遊刃有餘，有城府，有手段。

「合」——合作、聯合、資源整合、合力、借力使力。

「公」——一視同仁，公平公正；注重公眾形象。

職場中社群型人的經典行為特點

1 關注社會趨勢，大格局，有長遠眼光和夢想。

職場中的社群型人有長遠戰略眼光，喜歡追尋遠大夢想，樂於和那些引領社會趨勢和順應時代潮流的人合作。即便只是一個基層員工，他們也希望自己所在公司有宏偉的藍圖、遠大的理想、宏大的格局。

所以，社群型人遇到一個新事物或新專案，會自然地從資源調配、長期收益、個人角色和社會影響幾個角度思考。

社群型人不會執著於短期利益，不期待今天一起喝個茶，就必須得有實質性的回報。他們認為只要關係在，以後有機會就可以一起合作成就某件事。他們看一個人也是著眼長遠，注重未來價值。

2 整合資源能力強，注重溝通、協調與合作。

社群型人具有平臺思維、生態圈思維、複製思維和利他思維。

「人脈資源捕捉」是社群型人的重要特性，他們下意識地捕捉每個人的特點、優勢、資源、專業能力，認為要「讓專業的人做專業的事」。

當他們要做某件事情時，會為一個共同的目標把所有人整合在一起，同時腦海中會馬上想起人脈圈裡最合適的人。在他們眼裡，每個人都是一個資源連接點，所有人都連在一起，形成一張資源網。

「我想做一個國際合作平臺，很自然地想到了身邊某個人有空置的房子，還有一位做藝術品收藏的老闆需要找銷售管道，另外一個人想辦理移民。於是，我就把這些人整合在一起談合作，有空置房的人以房子入股平臺；做藝術品收藏的老闆把藝術品放在平臺的辦公室展示，節省了一大筆軟裝費用，還顯得很有檔次，而平臺上的客戶順理成章成為了藝術品收藏老闆的客戶，皆大歡喜。」

3 洞察潛在規則和社交暗示，縱橫捭闔，四兩撥千斤。

社群型人對一個組織或場合裡隱隱約約的幕後力量很敏感。他們知道有時候按常規程式走不容易解決問題，就會找到這個組織裡的實權掌握者，超越組織的框架去辦事。

他們深諳各種社交暗示，關注言外之意，讀懂潛在規則。這些潛在規則決定了他們在某個場合應該幹嘛，不應該幹嘛，很多事情需要看情況和場合而定。所以，同是職場新人，社群型人會顯得更為「世故圓滑」。

「比如來到一個會場，沒有明確座次，我會根據場合需要選擇合適的位置。如果是宴請完客戶，我會很有分寸，立馬知道哪些人該送到電梯，哪些人該送到樓下，哪些人該送到車上。」

4 委婉暗示，點到為止，注重「面子」、「得體」。

社群型人對他人潛在意圖的覺察力特別強，一般很少直接去講對方的問題，如果講也會繞一個大圈，點到為止，以為別人也能聽懂「暗示」。他們認為說得太具體會失去彼此的體面，是非常低端的工作溝通。

「如果巡視某個門店，我有時候會親自做一些衛生和整理，這其實是在暗示他們有點亂了，要搞好衛生了！但我不會直接說。」

社交中，有些人的行為，會讓他們感覺很尷尬，比如一直不說話或者說個不停、過於表達私人感受和喜好、冒昧地跟重要人物要電話加微信、過於殷勤，或者把私下講的話拿到場面上說、開不合時宜的玩笑等。如果這是社群型人的主場，他們會認為，這樣做就是不給他們面子。

一旦發生這些不得體的行為，儘管社群型人內心十分生氣，但又不好意思當面去制止，因為那樣更丟臉。他們往往會給對方使眼色、或悄悄地用腳碰對方，希望能夠引起對方的注意並收斂，但凡再有類似的情況，這人就已經被出局了。

「私下我們可以嘻嘻哈哈，想怎麼玩都可以。但場面上要互相尊重，什麼場合說什麼話。」

5 重視身分地位、名譽、社會形象

社群型人自己在禮節上很到位，比如收到活動或會議邀約，社群型人會斟酌聚會性質是否符合自己身分，邀請是來自對方老闆還是助理，是去做重要嘉賓還是普通嘉賓，是否有與自身身分相符的安排和待遇，並據此做出決定。

「如果是主管、級別相當甚至更高的人和我談事情，我的投入度就高；如果是級別較低的人，我雖然不會駁人面子，但可能在這件事中就只是充當一個看客而已。」

面對對正式邀請和正式榮譽他們會更加重視，口頭的邀請、認可、感謝只代表個人或者私人交情，而正式的邀請函、榮譽證書則代表一個團體、組織對他們的尊重和認可，是他們可以收藏、紀念、展示的社會形象。

很多社群型人在「坐座位」上特別講究，對他們而言，座位意味著身分、地位與尊嚴，尤其是在公開場合、人員較多或他們在意的圈子。

6 重視參與感、歸屬感，有團隊精神，公正無偏私。

在社群型人看來，團隊等於我，我是融入團隊的一分子。他們希望自己在團體中的參與權被尊重，比如作為員工代表參與高級別會議，並有機會提建議、對決策表態。

社群型人喜歡強調「所有人」，在團隊中沒有偏私，非常在乎團隊中的所有成員是否都有存在感，避免任何人被排斥在外的情況，致力於說明每一個人在集體中感受到參與和歸屬感。同時，不希望有人在自己的團體中製造分裂，特別是他們作為主要領導者的團隊。

「不顧大局者，不堪重用。如果不團結，每個人都強調個人，團體就沒有凝聚力，無法稱之為一個團隊。」

他們不喜歡任性、自我、搞特殊化的夥伴。如果和社群型人私下關係很好，他們在工作上可能會更加嚴格要求，對關係一般的人反而要更顯「大度」，所以「大義滅親」是社群人常做的。

「我們去搞團建，我們得放下家裡面的任何情緒，跟大家一起玩，今天我們是一個團隊，目標就是團建。大家都一起的事，你說你家裡有什麼私事或者你要陪男女朋友，不能參加，我很能不接受。」

總之，社群型人在意團體的規則、秩序、倫理，天然具有團隊精神！

與社群型人職場溝通「地雷」

- 不分場合、不得體、不合適的言行舉止。
- 在公開場合對他們調侃、開玩笑。
- 製造團隊分裂，挑撥離間，搞小團體。
- 未給予匹配其身分和地位的禮遇。
- 失去知情權和參與感。
- 個人主義，搞特殊，私事當頭，不服從統一安排。
- 聽不懂委婉的點醒，逼他們直說。
- 對他們直接指導瑣碎的細節。

社群型人的職場成長建議

1 抱錯大腿，站錯隊。

社群型人在職場中最大的「坑」是站錯隊。當社群型人感覺自己沒有辦法和這個世界良性互動的時候，他們都傾向於抱大腿。但是任何一條大腿都是代價，十年河東，十年河西，怎麼選都可能會導致自己職業生涯的中斷。

希望社群型人能夠真正相信，自己就是最好的指引，你不需要抱任何一條大腿。

2 重概念，輕細節，放眼長遠，近處折戟。

社群型人做事喜歡大而化之，善於抓住核心概念，提綱挈領，做大規劃、搭大框架，卻不擅長落實細節化的執行事務。這往往使得工作在推進過程中卡在細節上，從而付出很大的代價。

作為職場新人，社群型人常被認為好高騖遠，不實在，不落地，可能錯失發展機會。其實社群型人如果整合了自保本能，將成為真正的戰略家。他們既有戰略又有戰術，既有藍圖又能落地，高屋建瓴，腳踏實地，如此整合的社群型人，將邁向事業的巔峰。

3 參與過多項目，精力分散、不聚焦。

社群型人同時多線投資，享受的是廣泛參與的自豪，而非僅僅為獲得利益。這樣卻容易分散他們的精力，使他們無法全力以赴，集中於一點，這往往會付出很大的代價。

「我們有一幫社群型人開飯店，結果投了飯店以後，就都跑走了，沒人管飯店，我們都以為關鍵的人和資源都找到了，投了就完事了，飯店卻因為沒人實際執行和幹活，很快就倒了。」

社群型人要重視自己在項目中實力、才能與金錢的積累，不在於量，而在於質。

4 從眾、迎合，難以堅持自我主張。

社群型人為了適應場合和團體，總是以大局為先，以他人的需求為先，克制個性和個人需求，很少考慮自己的感受和利益，也容易讓自己委屈。

社群型人從眾心理比較強，有時候即便明明多數人的選擇知道是錯的，也要避免分歧，很難力排眾議。

然而，兼顧大局需要「審時度勢」，不能為一時的所謂團結而耽誤了集體的大事，那更像是「明哲保身」，而非真正為團體負責。所以當你有不同主張的時候，尊重自己的感受，堅定的表達。

5 表達過於委婉，讓人聽不懂。

社群型人委婉表達、旁敲側擊，一對一型和自保型人是「真的聽不懂」。

其實，直接指出問題對一對一型人和自保型人來說並非傷害，只是傷害了你的「面子」而已。真誠直接的表達，更好的能支持他人，達成共識，有利於職場關係的和諧和良好互動。

案例 強社群文化下，自保型員工黯然出局

「我們公司文化完全是社群型文化，我是社群型人，所以非常適應。在我們公司，基本上難看的事情都不會在辦公場合發生，也就是不可能公開衝突。但是我們辦公室的門很有趣，你只要看到某個人進去關門了，並進去了很久，那一定是吵起來了。

門雖然關得很緊，但是隔音也沒有那麼好，明顯的能感覺到裡面有情緒和衝突，但一旦出來，上司、下屬的臉上都不會有非常明顯的表露。外面的整個辦公區域都是一片和諧的。

社群型的公司在外人看起來都是比較光鮮的、完整的、美好的一家人。出了門咱們都是體體面面、和和氣氣的，進了家門打起來也行，但是出門不能打。社群型員工都能體會到其中的微妙，但缺社群型的人未必知道發生了什麼。

我們單位有一個自保型的姊姊，她應該是社群排最後的，在公司真的是全線踩雷。比如說我們要做一個方案，那個自保型姊姊設計的 PPT 範本顏色不太合適，大家說話都不是那麼直接，老闆也各種暗示，說了各種迂迴的話，就差直接說「醜」這個字。自保型姊姊還是沒有 Get 到那個點，最後我們社群型的領導實在是忍不住，只好說了這個顏色要改，否則不好看，他一般不會說這麼明顯直接的意思，結果自保型姊姊竟當眾反對修改顏色，並據理力爭，當時的氣氛就很奇怪和尷尬。

我們公司進不進會議室，什麼時候進會議室，什麼時候出會議室，從來沒說，但是基本上大家還是比較明白的。沒有規章制度，沒有明文規定，全是潛在規則，自保型人就瘋了，簡直就是文盲，察言觀色、審時度勢，這些真的做不到。後來，那個自保型姊姊就離職了。」

第7章
本能類型的健康層級

健康層級高與低

什麼是本能健康層級？

本能健康層級是衡量一個人本能健康程度的重要指標。無論是自保型人、一對一型人或社群型人，都有高層（健康層級）、一般層級和低層（不健康層級）狀態，即便是同一種本能類型，在不同健康層級下的表現也是截然不同的。

以自保型人為例，健康層級的自保型會創造有序、穩定的工作和生活環境，能有條不紊地安排好工作和生活的一切，把自保本能的優勢發揮到極

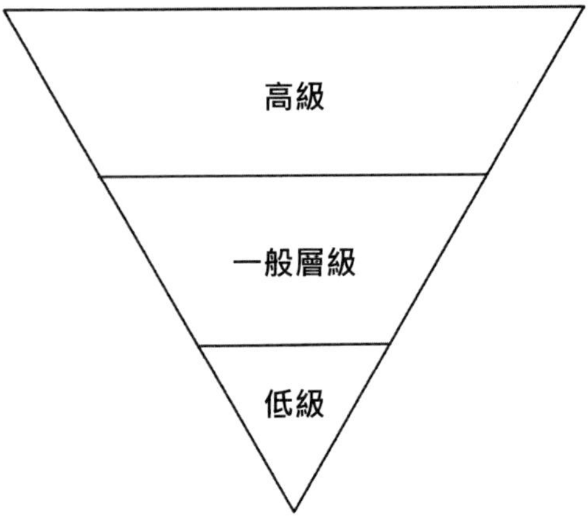

致。

然而在不健康的層級，自保型人則會過度囤積物品，過分焦慮身體健康，熬夜，濫用保健品，胡亂投資，無法照顧好自己的生活和工作。因此，在不健康層級，我們的本能往往會事與願違。

健康層級是我們基於性格分類的個人修行和成長的通道，學習本能健康層級就是讓我們更多地活出我們自己的本能類型的高層狀態。

健康層級的高層和低層

那麼，高低層級會有哪些差異呢？我們先做一個簡單對比。

高層狀態	低層狀態
活在當下	充滿防禦
發揮優勢	濫用本能

積極、正能量	消極、負能量
關係和諧	關係破裂
幸福感強	幸福感低
自我價值高	自我價值低
為他人和社會帶來貢獻	為他人和社會造成損害

本書主體部分所描述的自保型、一對一型和社群型，只要沒有特別說明是高層還是低層，都代表一般層級。他們兼有健康狀態的優點和不健康狀態的缺陷。

本能類型的掉層與提層

我們的本能健康層級只是代表狀態，並不是穩定不變的，高低起伏，可能在一天之內就會有很大變化，從高層下降到低層的過程稱為「掉層」，由低層回升到高層的過程稱為「提層」。

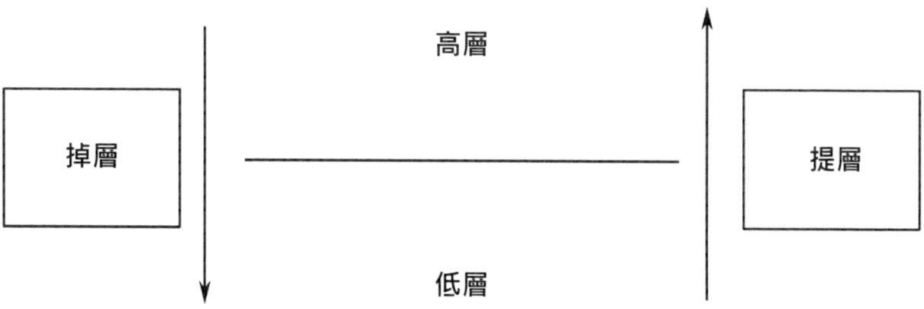

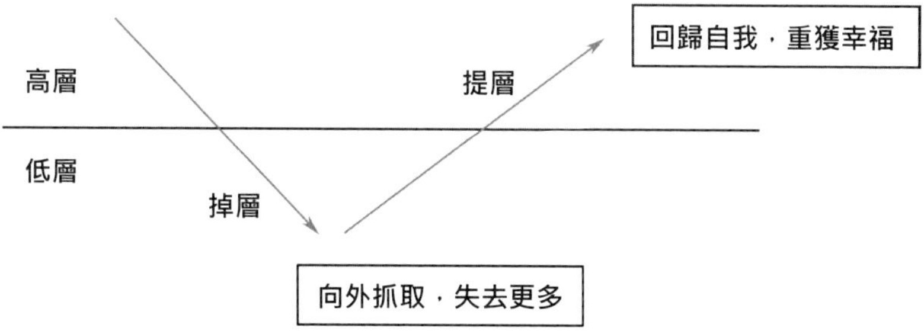

日常很多事情都會影響我們健康層級的升降。比如升職加薪了，心情一下變得非常好，工作更加努力，家庭更加和睦，大宴賓客……此時我們就提層了；或者孩子調皮搗蛋被學校叫家長，心情一下子不好，變得陰沉、情緒化，容易和人發生衝突，此時就意味著我們掉層了。

不同本能類型的人的關注焦點不一樣，引發掉層的主要原因也不盡相同。我們越關注什麼，就越容易被什麼牽動而掉層。

三種本能性格的掉層

自保型	一對一	社群
失控	失連	沒面子
無法交付成果、計畫被打亂	創意被否定、熱情被潑冷水、被在意的人忽略	身分、地位沒有被尊重，被團體排擠、邊緣化

那麼你在掉層的時候會有哪些表現？你能意識到你什麼時候掉層了嗎？

另外，提層包括了兩種類型：臨時性提層和根本性提層，前者是借助外力的，無覺知的，是治標的權宜之計；後者是借助內力的，有覺知的，是治本的根本方法。

即便未學習本能性格，我們也會自動採用臨時性提層方法，只是為了應對掉層的難受狀況，讓我們不會太難受。透過主動做一些補償本能的事情來緩解痛苦，有一定的止痛效果，但只是讓我們緩解疼痛和難受。關於臨時性提層的策略，我們在後面為每一類型的讀者準備了「止痛片」，這只是一些基本經驗，建議讀者開展同類型共修，創新並更新適合

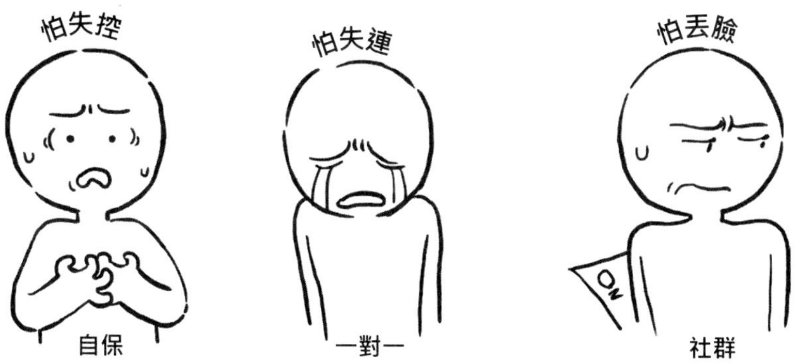

自己的「個人止痛小提示」。

這裡要說明的是，臨時提層只是權宜之計，治標不治本，本書所提供的「止痛」只是能緩解掉層。

根本性提層則是自我覺察，因此，在後面幾節，我們分別針對每一種性格準備了包括「覺察清單」、「自省天問」、「成長指南」三部分在內的成長手冊。這部分建議讀者個人自修或集體共修，以爭取長期持續踐行，可能會為我們的人生帶來根本性的蛻變。

三種本能類型的健康層級與個人成長修行

自保型掉層：怕失控

◆自保型人的掉層軌跡與不健康層級

自保型人的掉層軌跡是「失控」之傷。

自保型人穩定的生活秩序被不可控因素打亂，工作開始不穩定、健康出狀況、財產低於警戒線，無法預測未來會怎樣，也沒有能力解決當下的問題的時候，他們就會陷入焦慮，開始掉層。

比如一個自保型人因為疫情影響到了工作，收入銳減，原來可以按計劃定期存款還房貸，現在只能動用已有的存款，看著自己的經濟狀況越來越不好，還不知道何時是個頭，難以對未來做出規劃，會越想越焦慮。然而，焦慮並不能解決問題，反而會使問題變得更糟糕，使他們對工作和生活越來越失去了控制。

掉入低層後，自保型人就會慌亂地想一些補救措施，企圖重新回到原有軌道，可能會病急亂投醫，容易被騙錢，謹慎的他們會衝動、冒險，盲目投資，造成嚴重虧損。自保本能掉層後，自保本能的過度補償和無效發揮，這就是自保型掉層的惡性循環。

當自保型人處於失衡狀態下，他們傾向於歪曲自保本能，變得不能照顧好自己，在外形、體重上會失去控制，他們常寢食難安，過分關注和糾結與健康、飲食、財產等自保本能領域的問題。

同時，他們也失去了務實能力，變得不會合理安排資金和日常事務，時間、財務和各類生存資源管理很不合理。他們會出現兩極表現，暴飲暴食／強迫性節食或鍛鍊，貪睡或熬夜，睡眠紊亂，過分購物和存儲東西或者大肆清理物品。他們此時已經完全無法掌控金錢，強烈渴望天降橫財，希望身邊的人趕緊給他們送來各種自己需要的東西。他們可能還會極端吝嗇，變成不可理喻的「守財奴」。

他們也可能突然大肆清理各種不需要的東西，會因為身邊人在日常生活上小小的失誤而大發雷霆，比如忘記關燈，進屋忘記換鞋，談笑聲音大等，遭受他們大聲的連續訓斥。

在最嚴重的狀況下，他們甚至可能故意自我毀滅。健康層級低的時候，最關注健康和安全感的自保型人此時反而成了健康和安全感的破壞者。

1 自保型人掉層自救止痛藥

那麼，自保型人在日常生活中突然掉層了怎麼辦？根據諸多自保型人的個人經驗，我們列舉了幾點「掉層自救止痛藥」，這些方式不能解決根本問題，但可以緩解疼痛，為深入的自我覺察和成長做鋪墊。

1. 吃一頓一直喜歡或平時捨不得吃的美食。
2. 購買高品質服務，如一次高水準、高性價比的按摩。
3. 在自己的空間獨自待著，不被打擾或者睡覺。
4. 學習技能知識。
5. 數錢，統計自己各個帳號的資產。

……

除此之外，回顧一下，你還有哪些自救經驗？可以和同是自保型人討論，創建並更新自己的「掉層自救止痛小提示」。

2 自保型人日常掉層覺察練習

請覺察生活和工作中對「突然失控」或「無法確定」的反應，我們列舉一些自保型人常見的「不確定」狀況，形成如下的「日常失控清單」。

日常失控清單

1. 當你正在做一件事，突然被人打斷或干涉時。
2. 當事情有突然變化，無法按原計劃進行時。
3. 因他人原因，預算超支時。
4. 當你固定放的物品被他人移動而找不到時。
5. 當你夜裡失眠、身體不適，而第二天有重要工作時。

6. 當你日程已經排很滿，別人請你插空幫一個緊急的忙時。
7. 晚上九點以後，接到不常見的家人或親戚電話時。
8. 當別人遺忘了細節，導致事情效果打折扣時。
9. 當相處很久的親近的人沒有尊重或理解你的重要習慣或要求你改變習慣時。
10. 當你按要求、投入精力做的工作，被告知需要返工或者是無用功時。

……

接下來，請對照清單，問自己下面幾個問題，並認真回答：

1. 如果你是自保型人，上面的這些「失控」狀況有哪些是你比較熟悉的，可以挑出來，回顧一下你的第一反應是什麼？
2. 除了以上十條「日常失控清單」，你是否還有其它讓你感覺失控的事？請列舉出來。
3. 形成你自己私人訂制的「失控清單」，每週閱讀一次，看看你對清單裡的「失控選項」的反應有沒有發生變化？

3 自保型走向高層的六條成長建議

自保型人要想走向高層，獲得成長，需要從對「失控」的核心恐懼中走出來，確信自己的能力足以應對變化，也相信每個人已經在用他們的方式在負責，相信團隊協作的力量，如此他們就可以更加安心、從容、輕鬆，無須消耗過多精力，也能帶來更高品質的交付成果，享受工作和生活的有序、充實與踏實。

第一、放鬆過度的焦慮和控制，有容錯空間。

自保型人需要覺察自己對安全感和確定感的過高要求，實際上，那些問題本身並不是問題，但過度焦慮以及必然帶來的過分控制才是真正的問題。接納變化和不確定，要有一定的容錯空間，不必對未來的每一步和每一個細節都要嚴格控制。

第二、切勿過分獨立，及時尋求外援。

自保型人要適當接受有些事確實不能靠一己之力，明白這並非你的「無能」和「不勝任」，工作本身就是協作的，需要及時尋求外部支援。

第三、放下對計畫的執著，擁抱和接受變化。

現實中常「計畫趕不上變化」，此時自保型人需要判斷情況，不要一味執著於快速回到原計劃的軌道。自保型人需要學會快速調整，基於現實重新制定計劃，並無須為此遷怒他人的「打亂」。

當自保型人相信自己有能力應對變化時，就成長了。

第四、不要急於「解決問題」，接受暫時的「搞不定」。

自保型人有時會遇到憑過往經驗難以解決的問題。此時是最考驗自保型人的時候，例如身體健康、個人財務或者工作出現卡點，暫時無法解決，切忌盲目採取急救措施，要冷靜分析狀況，而不是被焦慮和恐懼衝昏頭腦。厘清問題出現在哪裡，是暫時的還是長久的，自己能做什麼，不能做什麼，就不會被問題困住，能夠承接暫時的不穩定，跟隨變化及時做出調整，允許事情未完全解決，就是在真正解決問題的路上。

第五、勇於挑戰，信任自己的能力和實力。

自保型人需要學會挑戰自認為「難以勝任」的事，特別對於那些未做過的事情，會因為沒有把握，從而不敢冒險。要留意，你總是對自己的能力評估過於保守，其實你比你自認為的更有能力，實際上即便搞砸了並不丟臉，你也並沒有辜負誰的信任，你只是需要一份闖出去的勇氣！

第六、意識到他人有和你不同的「性價比」。

自保型人就像是其個人時間、精力、金錢管理的「精算師」，總擔心浪費時間、金錢和精力，無論是自己做事，還是幫助他人，都總想以最少的成本，獲得最大的效果。然而，你要意識到，這只是你的「性價比」追求，不同性格的人認為的成本和效果都不一樣。同時，你也可以適當放鬆對「浪費」、「白費」的恐懼，允許更多的情感、精神層面的體驗，那些無法被你精算的領域，常常會帶來意外的收穫。

自保型人的四句自省天問

你有低估自己的能力和實力嗎？
面對變化，你還在執著於你的原計劃嗎？
你所認為的高性價比一定是對的嗎？
你所在意的細節，真的有那麼重要嗎？

健康高層狀態下的自保型人，腳踏實地、真誠直率、信守承諾，值得託付、務實沉穩、堅定可靠、條理清晰，具有強大的落地執行能力，善於各項計畫、理財和時間管理，是社會的穩定基石和中堅力量。

這樣的處在高健康層級自保型人，完全發揮了其本能性格中的優勢，是三種本能性格中可以作為支持和後盾的「基石」。

一對一型掉層：怕失連

1 一對一型人的掉層軌跡與不健康層級

一對一型人的掉層軌跡是「失連」之傷

一對一型人過度依賴于某段關係時會失去自我，會被對方的一舉一動所牽動，他付出越多，期待越多，這段關係也就越來越不平衡。當一對一型人沒有得到對方的回應，期待沒有被滿足，就掉層了。

比如，一個一對一型妻子把丈夫當做自己的全世界，如果丈夫沒有及應，一對一型妻子就會失落，推測丈夫是不是不愛她了。於是，她就開始耍脾氣，希望得到關注和重視。但這種做法往往是無效的，甚至會把對方推的更遠。對方越沒有回應，一對一型人越是抓狂，這段關係也越來越消耗彼此。

一對一型人投入、付出很多，期待很高，這樣的關係註定是不對等的，一對一型人註定會失望。所以一對一型人在情感關係中最容易掉層，他們總覺得自己是付出更多的一方，於是掉層後各種抱怨、訴苦、攻擊。本來兩個人的連接是有的，但一對一型人越是耍脾氣，對方就越是接不住，越是想逃離。最後，感情只會在折騰中消磨殆盡。這就是一對一型人掉層的惡性循環。

當一對一型人處於失衡狀態下，他們傾向於歪曲性本能，在親密關係中完全喪失自我，監控對方，瘋狂糾纏和任性，讓伴侶感到窒息。他們會淪為為情所傷的抱怨者和受害者，並因受傷而自我封閉。他們此時變得注意力潰散，心猿意馬，精神嚴重不集中。他們可能陷入對性和親密關係的巨大恐懼中，切斷一切情感連接，人間蒸發，害怕與人深入交談，拒絕聽深情的歌，不看愛情電影，緊閉心門，拒絕開放探索，他們對自己逃避的東西有一種強烈的恐懼。

不健康狀況下，有的一對一型人會過度追求強烈體驗、心跳的感覺和虛妄的幻想，會冒無謂的風險造成巨大挫敗。恐懼獨處，此時他們需要強烈的情感刺激，開始濫情縱欲，不斷地向外尋求強烈的激情，朝秦暮楚，不斷地換異性朋友，可能變得性濫交、燈紅酒綠，沉迷色情、深陷賭博、酒癮成性，甚至會吸食毒品以求快感刺激，在醉生夢死中自我放逐、自我毀滅。

一對一型人掉層自救「止痛藥」

那麼，一對一型人在日常生活中突然掉層了怎麼辦？根據諸多一對一型人的個人經驗，我們列舉了幾點「掉層自救止痛藥」，這些方式不能解決根本問題，但可以緩解疼痛，為深入的自我覺察和成長做鋪墊。

1. 找懂自己的朋友（一對一）深度交流，促膝談心，傾訴心情。
2. 獨處做喜歡的事——聽有感覺的音樂，刷喜歡的劇，看喜歡的書，繪畫、寫作、飆車、舞蹈、瑜伽、暴走等。
3. 立刻主動離開事發現場，到大自然走走，看山看水看風景。
4. 購買平時喜歡又難得買的美食、首飾、衣服等。
5. 做一次隨性、即興的事，完成自己的心願，如來一場說走就走的旅行或打飛的去其他城市吃美食。

……

除此之外，回顧一下，你還有哪些自救經驗？可以和同是一對一型人討論，創建並更新自己的「掉層自救止痛小提示」。

2　一對一型人日常掉層覺察練習

請覺察生活和工作中對「失去連接」的反應，我們列舉一些一對一型人常見的「失去連接」狀況，形成如下的「日常失連清單」。

日常失連清單

1. 你的伴侶或在意的人和異性長時間聊天，且眉飛色舞，意猶未盡時。
2. 他人利用你的純粹、真情實現其功利目的時。
3. 你心裡最在乎的人，對別人特別是討厭的人，比對你好時。
4. 你在乎的人不回復信息時。
5. 你認為的重要時刻，伴侶卻失陪時。

6. 你的用心良苦被在意的人誤解時。
7. 當伴侶忘記或者忽略重要節日或紀念日時。
8. 當你對在意的人的熱情和付出遭遇冷淡回應時。
9. 當你感覺你的創意、想法被否定或敷衍時。
10. 你找不到你正在做的工作的意義和激情，毫無感覺，又不得不做時。

……

接下來，請對照清單，問自己下面幾個問題，並認真回答：

1. 如果你是一對一型人，上面的這些「失連」狀況有哪些是你比較熟悉的，可以挑出來，回顧一下你的第一反應是什麼？
2. 除了以上十條「日常失連清單」，你是否還有其它讓你感覺失連的事？請列舉出來。
3. 形成你自己私人訂制的「失連清單」，每週閱讀一次，看看你對清單裡的「失連選項」的反應有沒有發生變化？

3　一對一型走向高層的六條成長建議

一對一型人走向高層，獲得成長，需要從對「失連」的核心恐懼中走出來，確信關係的連接，確信自己值得被愛，如此他們才能獲得真正的連接和自由而親密的愛。同時。一對一型人需要拓展自己的生命焦點，從偏愛走向中正，從激蕩走向穩定，從小情走向大愛！

第一、在任何關係中都要記得自己，切勿把「失去自我」當成深愛。

關係沒有問題，感情也沒有問題，「失去自我」才是最大的問題。「失去自我」看起來維護了雙方的關係，卻並沒有換來更高品質的連接。

第二、相信愛，而不是懷疑愛。

你一定要相信自己是值得被愛的，不用靠無休止索取對方的回應來確認愛，一旦你開始懷疑愛，他人就會遠離，無論是友情還是愛情。

第三、連接自己的內心，在情感連接中保持獨立，不必把自己扔給某一個人。

一對一型人特別需要留意對親近關係的依賴，能和自己親密連接，才能獲得了真正的自由。一對一高層級的關係，既是互相連接的，又是彼此獨立的，就像《致橡樹》裡的橡樹和木棉——「根，緊握在地下，葉，相觸在雲裡」，「仿佛永遠分離，卻又終身相依」。

第四、看見別人有和你不同的愛的付出方式。

一對一型人在關係中最容易「忘我付出」，所以難免以為自己永遠是「更愛的一方」，這容易導致一種「自我感動」，並因此產生委屈、心苦、被辜負等一系列「受害」感覺，實際上，「自我感動」中的一對一型人經常低估甚至無視對方的情感付出，他們有一種排序的執念——我重要，還是○○重要？

然而，到底什麼才是在意呢？是按你的方式嗎？你這份愛的效果到底如何呢？對方真的很享受、很被滋養嗎？你真的看到對方的付出了嗎？如果你總是自我感動，只不過是一種情感層面的自戀，請更多看到別人有與你不同的愛的付出方式。

第五、保持客觀、穩定，勿因「感覺」和「狀態」帶來忽高忽低的自我評價。

一對一型人千萬不要做感覺的奴隸，感覺是一種激情，一種催化劑，但它也容易走極端，帶來不穩定的發揮、不穩定的結果。因此，一對一型人在做事中需要更客觀得評估自己、看見自己，在「感覺」的強大助推之外，還得腳踏實地、穩步積累，你才能在感覺來臨時，穩步創造新成果，達到新高度。

第六、拓寬生命頻道，從小情小愛走向大情大愛。

一對一型對人的「偏愛」在某些時候容易帶來偏聽偏信、狹隘、分裂、不公正。他們需要珍惜自己內在無窮的精神和情感力量，這份力量不僅是用來滋養少數你偏愛的人，還可以發揮更大的價值和能量去服務更大的社會和世界，千萬要警惕自己的任性，不因情廢公、因情廢事，才能把你的內心能量和激情更廣泛投入到志趣、事業、情懷、理想、使命等，為這個世界注入你精彩的靈魂光芒。

一對一型人的四句自省天問

能區分你何時是沒感覺，何時是沒能力嗎？
你以為的被否定是真的被否定嗎？
在感情中，你真的比對方付出地更多嗎？
你認為的沒被看見，是真的沒有被看見嗎？

健康高層狀態下的一對一型人，能敞開心懷、精力充沛、激情四射，充滿魅力、想像力、創造力和吸引力，無私而無畏，全身心投入人生，有滋有味地活著，綻放生命的光輝。

這樣的處在高健康層級一對一型人，完全發揮了其本能性格中的優勢，是三種本能性格中可以作為激情與力量來源的「小太陽」。

社群型人掉層：怕沒面子

1 社群型人的掉層軌跡與不健康層級

社群型人的掉層軌跡是「沒面子」之痛。

社群型人最在意他在群體中的名聲、地位、重要感和參與感等等。當他感覺自己被群體排擠了，被孤立了，或者在群體中的名聲受損時，就掉層了。

比如一個社群型的人，在一個他非常在意的圈子裡擔任重要的職務，他以為自己是核心成員了，但是如果在一個正式活動中，他的座位或席卡沒有安排在重要的位置，或者大家開會、聚餐的時候沒有叫他，或者很多事情他是最後一個知道，他就會覺得自己被排擠了，不受待見了，此時開始掉層。

掉層後的社群型人，對這個圈子也就沒那麼投入了，但表面上不能衝突，還要和和和氣氣，他就變成了「只出趟不出力」，表表面面的社交，看似積極參加活動，積極提建議，但提出的方案往往大而空，無法落地。

社群型人本來是樂於為圈子提供資源、為圈子服務的，但掉層後反而變成向圈子索取資源，表表面面，不幹實事，虛情假意，長此以往也會被看穿，他們在這個圈子裡就更加失去人心，失去地位、失去尊重了。這就是社群型掉層的惡性循環。

當社群型人處於失衡狀態下，他們傾向於歪曲社群本能，變得工於心計，假公濟私，虛偽狡猾，運用社交手腕操縱群體以滿足自我膨脹的心態，維持地位和重要感，他們會運用手頭的人脈資源和美麗的說辭來操縱他人追隨自己。他們可能會在開會的時候突然暴怒，在眾人面前訓斥上司的領導能力或三觀不行，或者讓那些不給自己面子的人在社交場合顏面掃地，以臉還臉！

在更嚴重失衡的狀態下，他們可能變得社交能力低下，不知道如何與人交談，變得謹慎敏感，害怕且不相信別人，無法與人正常相處，但又無法斷絕社會聯繫，無力從糟糕的社會關係中脫身。此時的社群型人會變得極端反社會，憎恨社會，討厭他人，有各種反團體，甚至反社會的宣傳及行為，他們會訓斥家人不懂事，做人的基本原則道理禮貌人情世故正常流程都不懂，給他丟臉，抱怨另一半的家族沒給他帶來人脈資源，他們此刻的語言負面、激烈、強勢，帶著強烈的情緒攻擊性。

社群型人掉層自救「止痛藥」

那麼，社群型人在日常生活中突然掉層了怎麼辦？根據諸多社群型人的個人經驗，我們列舉了幾點「掉層自救止痛藥」，這些方式不能解決根本問題，但可以緩解疼痛，為深入的自我覺察和成長做鋪墊。

1. 約合適的老朋友聊天。
2. 創造機會，被邀請參與正式活動。
3. 去到自己被認可、在其中有身分的場合。
4. 參與團體，做出貢獻。
5. 參加有新朋友的聚會。

……

除此之外，回顧一下，你還有哪些自救經驗？可以和同是社群型人討論，創建和更新自己的「掉層自救止痛藥」。

2 社群型人自我覺察與成長練習

請覺察你在生活和工作中對「丟沒面子」的反應，我們列舉一些社群人常見的沒面子狀況，形成如下的「日常丟臉清單」。

日常沒面子清單

1. 你的家人或自己人在社交場合自我顯擺或有不合適言行時。
2. 你最後一個知道本該通知你的事情時。
3. 有人當眾調侃你，跟你開有失身分的玩笑時。
4. 出席場合沒有受到應有的禮遇時。
5. 自己人或者關係親近的人，當眾和你套近乎時。
6. 有人挑撥離間，分裂團隊或你所屬的團體有人被排擠時。
7. 家人或自己人享受特權、搞特殊化時被大家知道。

8. 在公共場合，家人或者自己人在外人面前說你的缺點、糗事，或直接懟你時。
9. 家人或自己人因為私事或不喜歡，拒絕參加集體活動時。
10. 家自以為初心正確，精心組織，理直氣壯的演講或者場面，被人打臉或者毫不在意時。

……

接下來，請對照清單，問自己下面幾個問題，並認真回答：

1. 如果你是社群型人，上面的這些「沒面子」狀況有哪些是你比較熟悉的，可以挑出來，回顧一下你的第一反應是什麼？
2. 除了以十條「日常沒面子清單」，你是否還有其它讓你感覺丟臉的事？請列舉出來。
3. 形成你自己私人訂制的「沒面子清單」，每週閱讀一次，看看你對清單裡的「丟臉選項」的反應有沒有發生變化？

3 社群型人走向高層的六條成長建議

社群型人走向高層，獲得成長，需要從對「沒面子」的核心恐懼中走出來，相信自己在群體中是被認可、接納、尊重的，是完全有資格的一份子，此時的他們更加真誠，內外一致，不為虛名、面子所牽動，更加注重為團體做實事，從而真正貢獻更大的價值，獲得名副其實的名聲和尊重。

第一、放下虛名追求，創造實際貢獻。

社群型人的核心問題是太在意自己在群體、圈子中的名聲、地位、重要性。他們一旦掉層，會把面子看得太重，如此就容易表表面面，講排場，沽名釣譽，像個繡花枕頭，越來越虛。

然而，沒有實際貢獻的虛名真是你要的嗎？社群型人要贏得尊重和名聲，需要不求大，不追名，腳踏實地，加強自身基本功，主動為更大的群體做出實際奉獻，他們就提層了。

第二、尊重自己的真實意願，不必太在意所有人的看法和想法。

社群型人總想贏得所有人的喜歡，無法抗拒眾人的期待，顧慮所有人的看法、想法、需求，不僅操心過度，影響身心健康，還會違背自己的真實意願，犧牲自己的應得利益。

有時候，真誠的做真實的自己、捍衛自己的想法和利益，反而會獲得更多的尊重和喜好。

第三、堅信團體對自己的接納和認可。

只有當社群型人確信自己是被群體接納的、認可的，是其中重要的一份子，他們的焦點就可以真正放在團體，而非自身，從而不再關注自己的身分、地位，而更多去做對一個團體真正有利的事情。

一旦有利於團體，團體必會看見，必不會辜負你。

第四、覺察明公暗私，在公與私之間保持平衡。

社群型人在意名，從而會營造一種公而忘私的形象，實際上社群型人明白自己並沒有那麼「無私奉獻」，儘管他們的確想要為團體做貢獻，但一旦沒有贏得自己想要的，就可能會打著「公」的旗幟去做「私」的事情，而一旦這麼做，他們就會恐懼自己被團體邊緣化。

社群型人既無須為了博取名聲而忘私，也無須為了補償而假公濟私。少一些暗暗的操縱，他們會更為受人歡迎。

第五、包容不同「三觀」，方有更大格局。

社群型人往往有自己明確或暗自主張的「三觀」，但他們也容易執著於「三觀」，他們的「三觀」可能會過濾掉一些人和團體，情留意你對某個人或團體的價值觀的評判，避免讓你失去了客觀中正的立場和本可以更大的格局。

第六、少一些大而空，多一些小而實。

腳下的路需要一步步走，社群型人切勿自詡大手筆和戰略眼光，對技術和具體事物缺乏耐心，大道理解決不了小問題，只有真正的實力依託，才能有效整合人脈，而不是去認識多少人物、大牛。請在仰望星空之餘，多一些腳踏實地，多盯著點「小事」，大事更容易落地！

社群型人的四句話自省天問

你所堅持的「三觀」一定是對的嗎？

你想顧及到所有人，真的有那個能力顧到嗎？

你想要的那個面子或尊嚴，真有相應的實力支撐嗎？

你所講究的排場，真的有必要、有價值嗎？

健康高層狀態下的社群型人，能全域視野、顧全大局、心胸寬廣、舉重若輕、審時度勢，默默凝聚和維護團體，願意自我犧牲以確保整體利益的最大化。

這樣的處在高健康層級社群型人，完全發揮了其本能性格中的優勢，是三種本能性格中的方向引領者戰略制定者。

三種本能類型的掉層和提層對比總結

		掉層	提層
自保型	心理	不相信自己有能力應對變化和不確定狀況，擔心「失控」	相信自己有應對未來不確定變化的能力
	行為	盲目採取措施，無效或損失更多，性價比極低	理性採取措施，解決或緩解問題，性價比高
一對一型	心理	失去自我，懷疑愛，擔心「失連」	與自我內心連接，愛自己，欣賞和接納自己
	行為	試探、猜忌對方，透過吵架、抱怨、攻擊等行為索取愛	信任情感連接，保持彼此獨立，從容地去愛

社群型		
心理	被排擠、邊緣化，沒有被尊重，擔心「丟沒面子子」。	相信群體是接納自己的，相信自己對群體的價值
行為	表表面面，不做實事，假公濟私，失人心	真誠待人，大公無私，做實事，得人心

掉層或提層：回歸自我，重獲幸福

無常是常態：接納層級的起起伏伏

生活中，所有的人和事都可能會影響到我們的狀態。每個人的健康層級本來就是忽高忽低的，狀態好的時候，層級就會高，這叫人逢喜事精神爽；狀態差的時候，層級就會低，這叫禍不單行，喝涼水都塞牙。所以，我們要允許人生中的這種高高低低、起起伏伏的狀態，這才是常態。

做性格的主人——掌握自己層級的遙控器

我們的健康層級總是被外在條件所影響。透過外在條件的提層，比如因為升職加薪、戀愛、中獎等而提層，這就像沖喜。但是，生活不可能處處是驚喜，也有驚嚇。外在條件能夠讓我們提層，就能讓我們掉層。這種「沖喜式」的提層是無常的，而且是不長久的，沒有人知道下一秒會發生什麼。所以，狀態不好的時候，我們要需要自我覺察，自我修煉，「行有不得反求諸己」，調整自己的心態，把自己層級上下的遙控器牢牢掌握在自己手中，我們就能成為性格的主人。

掉層是禮物——覺察的好機會

我們都渴望成為高層，然而，掉層也有掉層的禮物。掉層後，我們的狀態會變差，但此時是很好的覺察機會，如果把層級比作電梯，我們可以把掉層當做是坐電梯下樓拿快遞，雖然包裝難看了一些。當我們來到低層級，我們不妨就靜下來，看看我們內在到底發生了什麼，我們是否陷入了本能的過度陷阱？我們是否被性格模式操控了？在掉層後的自我覺察會帶來個人成長智慧，正如佛家所說的「化煩惱為菩提」。

越過度，越失去：一旦執著，終將錯過

每種本能類型的人都是以自己第一本能的需求為信仰的。自保型以生存和保障等為信仰，一對一型以真愛、激情等為信仰，社群型以地位和歸屬等為信仰。這些被視為生命中最重要的東西，已經融入了我們的本能，因此一旦得不到滿足，我們就容易掉層。

掉層的時候，我們會向外抓取，自保型會瘋狂地關注健康、安全、財務，一對一型人會瘋狂地糾纏、折騰和鬧自己所愛的人，社群型人則會沽名釣譽，追求虛名和浮華。這些行為只會讓我們進入一種惡性循環，我們越想抓取本能類型想要的，我們越會過度，越過度就越容易失去，離我們最初的目的越來越遠。

總之，一旦執著，終將錯過。當我們想要過度滿足第一本能的需求，它就像手中的沙子，抓的越緊，漏的越多，當我們放鬆的時候，手中反而能留下更多的沙子。鬆動對第一本能的執著，才能做本能類型的主人，而不是讓性格決定我們的命運，從而我們的生命才會獲得自由。

【自我察覺小方法】

1. 每天寫覺察日記，持續二十一天，盡可能記錄下自己層級高低的狀態，並反思自己每一次狀態起伏的背後原因。
2. 回溯自己所經歷過的一次較大挫折，回顧自己是怎麼度過這個挫折，當時的內心活動是怎樣的？
3. 回顧自己曾經的一次比較大的掉層經歷，以及你從中所領悟到的經驗教訓和智慧。
4. 覺察你在哪一種本能上容易過度？過度的表現是什麼（至少列舉三條）？你將如何調整這些本能過度行為？

第8章

如何應對本能過度與缺失

本能過度對人造成的影響

健康層級的提升和下降，取決於我們第一本能是否過度，以及最末本能是否不足。所以本章節我們分別從本能過度與不足的角度來談談個人成長修行。

如前所述，本能類型對我們每個人的生活都有直接而深刻的影響，我們的本能是如此自動化，以迅雷不及掩耳之勢操控著我們的工作、關係乃至整個人生，我們經常來不及反應，就已經陷入了本能性格的牢籠。

過猶不及：執著於本能，神器變囚籠

無論我們是一對一型、社群型或是自保型，幾乎都是一睜開眼就啟動了本能模式，並為此投入了大量的時間、金錢和精力，我們對主導本能報以十分的期待，寄託了太多的希望。

遺憾的是，大多數情況下我們的一對一、社群或自保本能卻並未帶來我們所期望的甜蜜，等來的恰恰是苦澀，這是由我們的第一（或主導）本能的過度造成的。

1　自保本能過度

很多自保型人在生存焦慮之下，變得更加努力存錢，瘋狂囤積，更加過度地追求安全感，卻總是「存著存著，窟窿等著」，生活就像在等著災難發生。甚至有的自保型人即便家財萬貫，仍然總是感到很不安全。沒錢的時候，他們希望有錢，有錢了以後，又怕好日子不會長久，所以對錢特別看重。

我認識一位自保型人本身相當富有，但他一旦花錢就會感到渾身不自在，會經常因為花錢而掉層，整個人都不好了，你千萬別以為他是家庭困難，還抱以同情，其實他是個隱形的大富豪，比我們周邊的絕大多數人都有錢，但他擁有的安全感和擁有感，遠比其他人要少得多，他經常被「今天花了，明天就沒有了」這種恐懼所操控。

還有一些自保型人天天早睡早起，各種保健養生，喝五青汁、吃人參、三七粉，艾灸、按摩一樣不落，但折騰到最後往往不是虛就是寒，各種各樣的身體問題總是層出不窮得糾纏著他們。

2 一對一本能過度

很多一對一型人用情至深，為情所困；或者縱情聲色，震盪折騰。無論他們一對一本能裡是多麼看似灑脫，都無法掩飾一對一本能過度給他們帶來的沮喪和痛苦。

一對一型人覺得自己要的並不多，他們經常說「有情飲水飽」、「願得一人心，白首不分離」、「擇一城終老，守一人白首」，他們常常困惑，為什麼自己所求甚少，卻依然無法盡如人意。「人生如若初見，何事秋風悲畫扇」這樣傷情的詩詞便是一對一型人的感嘆。

還有的一對一型人在失去內心感受力和生命活力後，更加頻繁、瘋狂、執著地去折騰性本能，讓情緒的暴風雨來得更猛烈一些，給人生帶來更多不必要的風雨和災難性的跌宕起伏。

3 社群本能過度

不少社群型人對人脈關係非常執著，太過在意他們在社群中的地位、話語權，頻繁出席各種圈子、活動，他們樂此不疲，最後往往卻只體驗到了繁華落盡的失意，或是曲終人散的落寞，以及關鍵時候舉目皆是泛泛之交的傷痛。

還有一些社群型人擔心被邊緣化、失去地位和歸屬感，他們就會更加地不著家，積極出入各種圈子，參加各項活動等等，於是他們變得不接地氣，沽名釣譽，落得人財兩空。

總之，社群型人請客花錢，攢局操心，講排場，搞項目，沒少花心思，到頭來卻落得兩手空空，他們也是十二萬分地想不通。

以上種種現象，給我們一個感覺：人生像是一個怪圈，一個讓人百思不得其解的迷局，明明我們投入了大量的時間、精力，結果卻往往不盡人意。

失去覺知，天賦淪為天坑

自保型人按理說是身體健康、長命百歲，過度關注自保反而變成了焦慮艱辛、體弱多病。

一對一型人按理說是花好月圓、百年好合，過度關注一對一卻變成了花殘月缺、萬箭穿心。

社群型人按理說是有口皆碑、功成名就，過度社群卻變成了沽名釣譽、聲名狼藉。

不匱乏、不執著，就不會過度，不作就不會死。我們在各自的本能裡傷痕累累，不堪重負，也無法解決問題。現在我們要思考：為什麼天賦、資源、神器會變成問題？

三種本能一開始都是解決我們人生問題的能手，後來卻變成了製造問題的專家，這就意味著對自己本能的管理水準下降了，忘了我們的初心是要發揮三種本能來解決生存和發展問題，但是由於我們用力過猛，太執著，最終在本能過度裡迷失了自己，坐擁「三把神器」反倒自傷自虐。

三種本能的天賦和天坑如下。

本能	天賦（正常發揮）	天坑（扭曲濫用）
自保	務實沉穩、條理分明、勤奮認真、堅定堅持、踏實可靠、落實執行、中堅力量	擔心失控、過度焦慮財務和健康、過度囤積、抗拒變化、頑固、病急亂投醫
一對一	激情活力、個性魅力、想像創造、深度連結、純粹投入、積極體驗、挑戰、突破、創新	瞎折騰、走極端、縱情聲色、瘋狂糾纏、喪失自我、心猿意馬、自我放逐

社群	團體紐帶、審時度勢、胸懷格局、著眼長遠、整體視野、社會使命、資源整合	虛偽狡猾、假公濟私、沽名釣譽、操縱團體、兩面三刀、口蜜腹劍、反社會

駕馭三種本能 擁抱自由幸福

如前所述，我們常常會過度使用三大本能企圖搞定生活、情感、事業等各種問題，拚命努力去實現人生在三種本能領域的滿足，然而總是過猶不及、事與願違。如果我們真的是想用我們的一對一、自保或者社群本能去實現美好人生的話，首先要做到的是帶著覺知的克制，這樣我們就有了深入瞭解我們本能類型的可能。

一旦開始深入瞭解它，我們就會理解它、欣賞它，不是沉溺其中，而是重獲自由。當我們開始成熟，就會克制自己的本能，如此我們的人生才真的會問題很少，成果很多，這就是「不忘初心，方得始終」。

所以，有覺知地使用三種本能模式才是方法背後的心法，唯有用心覺察本能模式，才能讓三種本能更加平衡，更有效地去解決我們人生的種種問題，走向人生的豐盛和圓滿，並在此過程中領悟和收穫到生命的大智慧。

缺失某一本能，如何提升整合

除了對主導本能過度的覺察，我們還需要關注本能結構中排序最後一位元的，那「失落的碎片」是我們相對最弱、最欠缺的本能，稱之為缺自保、缺社群、缺一對一。

缺失的本能並非沒有，而是被遺忘了，它們是我們生命中的盲點，我們經常意識不到它的重要性，甚至從價值觀上就有些不屑，嗤之以鼻，所以缺失本能常常發展最不充分，就像一塊一直不用的肌肉，總是缺乏鍛鍊，難以發揮作用。於是三種本能的缺失會帶來一系列的問題，也會讓我們成為某個領域的「文盲」。

缺自保本能的人往往不善於計畫，不清晰細節，大而化之，缺乏腳踏實地。他們很難體會人與人之間的「那種界限」。

缺社群本能的人往往不善於觀察場的動態，一開口就容易不合時宜，他們很難體會人與人之間的「那種氛圍」。

缺一對一本能的人往往不善於親密表達和連接，難以表達內心深處的感受。他們很難明白人與人之間的「那種感覺」。

當我們長期處於需要激發我們缺失本能的環境的時候，我們會感覺到耗電，就好像缺社群型的人身處一群陌生人的正式環境，缺自保型的人要面對一堆雞零狗碎的細節、計畫和列表。我們對我們排序最後的本能不但最不感興趣，也最沒有信心，而且會有一種莫名其妙的羞恥感，然而，這塊不用的本能，總是不定期地給我們帶來很多麻煩，導致事業的瓶頸或情感的障礙，我們必須認識到自己無意識地生出許多對缺失本能的評判，來合理化我們的本已失衡的所作所為。

三種缺本能的簡述和覺察成長點

1 缺自保本能的人

一個缺自保型（自保本能排序最後）的人，他們容易忘事，缺乏獨立性，總是過分依賴自己的迷人風度、點燃人群的能力，他們常大而化之，魅力四射，往往有強大的社交關係網，心態相對年輕，是一個青春不老的「自由靈魂」，他們想要人前的閃亮，卻忍不了幕後的瑣碎，但對他們而言，迷倒眾生易，腳踏實地難哪！

缺自保型人千萬不要總覺得衣食住行是小事，你的價值在於做那些大事，我們並非任何時候都可以讓別人來解決具體問題，在很多關鍵事情上我們必須有親力親為的能力，而非總是請人代勞、依靠他人、授權他人，過於依賴你的一大堆人脈和社交網路。

缺自保型人的成長就在於能夠沉下心來，保持人際關係界限，發展你最弱的自保本能，實實在在地做一點事，多關注與人際關係和「做人」無關的具體做事的細節，有更多的落地意識，看到「打地基」的艱辛和不易，凡事不要想當然，不要總以為只要搞定人就可以搞定事，尤其不要輕視或忽視那些看似瑣碎的「小事」，所有的大事也都是由小事推動的，關鍵的小事甚至有「千里之堤，毀於蟻穴」的重要性。

缺自保型人經常批判自保型人「小題大做」、「固執死板」、「小氣」、「摳門」、「格局太小」，他們需要更加接地氣地關注自己做事（與人際關係維護及自己受歡迎無關的事）的實質品質，腳踏實地地提高工作品質，不要把精力都消耗在籠絡人心和勾畫宏大概念上，多關注個人身體和財務狀況，發展自己的一技之長，任何宏大的專案和遠大的夢想都需要持之以恆的精耕細作，默默無聞的幕後努力，如此才能支撐得起你在眾人面前的那些信誓旦旦的宣言。

2 缺一對一本能簡述

缺一對一型人（一對一本能排序最後）總是少說廢話、按部就班、實用導向、現實主義，有強烈的個人及社會責任感，他們實際上為自己所愛的個人和團體做了很多，但是缺乏情感的交流和表達，以至於別人根本收不到這份沉甸甸的愛。

缺一對一型人容易活在某種舊的、固定的模式裡，他們容易因循守舊，難以突破既定框架，缺乏創新，他們總是覺得自己缺乏魅力和激情，即便和自己最親密的伴侶，也難以做到浪漫和親密，他們覺得自己「無趣」到無可救藥，所以希望能成為一個「有用」的人，他們非常務實，只做有用的事情，努力成為一個具有實際價值的人。

他們經常理直氣壯地批判一對一型人「太做作」、「誇張」、「炫耀」、「講廢話」、「矯情」、「瞎折騰」、「事多」、「浪費時間」、「玩虛的」，他們需要整合一對一本能，多一些「廢話」和情感的表達，那些看似浪費時間又「無用」的陪伴、連接、表達，會讓自己更有「人情味」，明白那些情感連結的重要性，不要總是把一切都理性地當做事情去辦，看見務虛的重要價值，很多「沒用」的事其實非常滋養內心而又彌足珍貴。

同時，缺一對一型人也要提醒自己不要總是活在那些既定框架、責任、義務裡，人生不需要那麼沉重，允許自己適當放飛，釋放自己的激情，任性一把，不必擔心自己會「脫軌」、「不負責任」，跟隨自己的內心感覺，讓你的人生有驚喜，有趣味，有突破，更加有滋有味，多姿多彩。

3 缺社群本能型人

缺社群型的人（社群本能排序最後）的人往往缺乏合作意識和人際溝通技巧，他們有強烈的自我意識，容易恃才傲物，在意「真實」、「做我自己「，有個性，容易不合群，覺得自己不需要別人，別人也不需要自己。

他們很難做到放鬆自然地公眾發言，不關心自己如何融入更大環境，也不關心別人如何看待他們，由於社群本能最弱，他們缺乏一種對環境的觀察力，常不清楚自己的言行舉止對周圍的人和環境究竟有什麼樣的影響，也不知道如何讓自己及自己所做的一切被人群接受。他們很難讀懂社交暗示，在社交場合容易說出不得體的話，常表現過度、舉止失當而引起尷尬，甚至會有讓人覺得不懂事的「失禮」，缺社群型人為避免暴露自己的缺陷，避免犯錯誤帶來的社交羞恥，總覺得「我為什麼要認識那麼多人呢？人生得一兩知己足矣。」

如此一來，就容易作繭自縛，把自己鎖在的小世界和小情小愛裡，凡事只靠自己和關係親近的少數人，靠一己之力或自己的熟人圈活著，等於把自己關進一個熟悉的牢籠裡，會視野狹隘，閱歷貧乏，大大限制自己的發展，也難以鍛鍊自己的社交技能。

缺社群型人經常理直氣壯地批判社群型人「膚淺」、「缺乏深度」、「說大話」、「虛偽的客套」、「表表面面」、「無聊」、「淺薄無知」、「浪費時間的無效社交」、「搞關係上位」等等，容易給人一種生人勿近、清高孤傲的感覺，缺社群型的人需要看到社群本能的重要價值，看見社交、共用、合作、資源整合的價值，走出狹窄的「小圈子」，在我們的一生中，生人和熟人、親近的人對你具有同等重要價值。

他們需要有意識地多多觀察他人，並融入人群，關注更大的環境，拓展視野的寬度，培養社交敏感度，看見自己和環境的交互關係，學習如何讓自己被群體所接受，有意識地借助更廣泛的人脈，事半功倍地實現我們的一個個人生目標。

缺失本能的成長修行之道

缺失本能的成長關鍵是對最末本能的心態調整，提升對缺失本能的意識，放下不屑和評判。同時，我們要尊重本能排序，借助第一、第二本能的力量來提升、整合最末本能。

1 提升意識，放下評判

對於缺失本能的成長，也許心態比行為更重要，我們並不需要刻意去增加缺失本能的行為，比如缺社群型人為了所謂成長逼迫自己去社交，或者缺自保型人為了成長逼迫自己去每天記帳，缺一對一型人為了成長要去做親密或刺激的行動，這是絕不可取的，事實上，我們仍然要優先關注和滿足我們的主導本能，那是我們的充電本能，而缺失本能則是我們的耗電本能，如果不充電，「硬補」耗電本能，過程痛苦且會無效。

所以，缺失本能的成長在於改變你的心態，覺察你的不屑，鬆動你的評判，一個比較好的方法是，你可以嘗試和與你相反本能的人去相處，去看看你對對方的看見和接納程度。

當一個缺自保型人不再評判別人「小氣」、「摳門」、「小算盤」、「格局太小」，而開始意識到人際界限，關注那些與人際關係無關的做事細節，從大而化之、迷倒眾生、魅力四射到腳踏實地提高工作品質。

當一個缺一對一的人不再評判別人「矯情」、「事兒多」，發現那些看似浪費時間又無用的陪伴、連接、表達，讓自己更有「人情味」，讓生命增添色彩，是那麼溫暖和彌足珍貴。

當一個缺社群的人不再評判他人「膚淺不深刻」、「表表面面」、「裝」、「打官腔」、「虛假」、「搞關係上位」……而是看到社交、共用、合作、資源整合的價值，拓展視野，借力發力，事半功倍！

2 尊重你的本能排序

在察覺、改變自己的時候，我們仍然要尊重自己的本能排序，排序前面的本能是我們的「充電本能」，如果要提升排序最末的「耗電本能」，我們還是先充電才有能量。

一個缺自保本能的人，當他們看到做事的意義、情懷、格局、信仰，他們才有動力去操作瑣碎的計畫和細節！

一個缺社群本能的人，當他們看到有主題、有興趣、有深度、有乾貨的社交場，他們才有動力出門去參與。

一個缺一對一本能的人，當他們有了解決實際問題的方法，他們才有動力去聆聽情緒傾訴和深度連接。

所以，最末本能是透過前兩個本能實現的。

缺自保本能的人可以在滿足純粹信仰和格局的事情上關注細節。

缺一對一本能的人可以把情感上的深度連接作為自己問題解決方案的一部分。

缺社群本能的人也可以透過分享、交流感興趣的專業知識去參與社交。

做到這些，你會發現你的世界打開了一扇明亮的天窗，你開始朝「三棲明星」更近一步了。

後記：修用一體，自我和解

本書所講的知識點並不只是理論、概念，而是多少人十數年的青春，多少人百千萬的損失，他們用無數血淋淋的人生教訓和人生事故，告訴我們什麼是自保、一對一和社群本能的掉層、過度、壓抑、不足，造成了多少人終其一生的職場之坑，婚戀之痛，親子之傷，甚至傾家蕩產……在十幾年的教學中，我聽了無數人的故事，越來越深刻體會到「性格決定命運」這句古老格言的真實不虛。

學習本能性格，就是為了認清和駕馭自己的性格模式，從而駕馭自己的人生之路。我們的古聖先賢說「行有不得反求諸己」，一旦我們「掉層」了，我們的性格開始「幫倒忙」，和他人的關係容易衝突，工作和生活容易掉鏈子，遇到種種挫折，而此時正是自我覺察的重要契機。如今自我覺察越來越成為一種基本能力，決定著我們的能量、能力和影響力！

我們來到了一個更加需要從內心出發的時代，大家彼此都是一面鏡子。學完本能性格，我們可以用一種更清晰、完整的眼光看自己和他人，不再以偏概全。

自保型人既是靠譜、踏實、務實、會過日子、勤儉持家的，也可能因為掉層，淪為死板、無趣、愛錢不伴侶、小氣吝嗇、自私自利的人。

一對一型人既是浪漫、深情、滿眼都是你、有趣、隨性、充滿活力和激情的，也可能因為掉層，淪為黏人、糾纏、無理取鬧、任性、敗家、讓人窒息的人。

社群型人既是人脈廣泛，朋友眾多，溫暖周到，有胸懷，有格局、大方得體的，也可能因為掉層，淪為不顧家、天天在外面鬼混、說大話、虛偽不真誠的人。

然而，每個人身上的「光」和「影」是同在的，優點和缺點是一枚硬幣的兩面，在層級變化下會相互轉換。我們曾經所愛的人並沒有變化，他們依然美好，但他們有可能會掉層，發生光影轉換，同時我們也可能會掉層，用「影」的濾鏡看別人。其實，唯一變的只是層級和視角。

要完整認識自己和他人，我們需要客觀中正地看見每一個人，包括自己，既不美化，也不醜化，每種人都是有缺陷的，而這種缺陷往往與優點關聯並又是可愛的。每種人都有自己的辛苦，我們需要心懷慈悲之心去看見他人的「苦」。

我課堂裡有位老公是社群型的女同學，她在上課前一直認為社群型的人虛假、整天無效社交、不歸家，但上完課後，她更深地看見了社群型人的背後世界，不再把社群人的社交方式定義為虛假，對於社群型人的不容易和辛苦有了一份心疼，那一刻，她和社群型人發生了內在的和解，更重要的是，因為這個和解，她自己的生命內部開始整合缺失的社群本能。

當我們處於較高層級的時候，我們做事會更加順利，更加成功，把我們的天賦優勢發揮到極致，但我們不能永遠保持較高層級，每個人都會掉層，特別是在滾滾紅塵之中，在與最親密的家人和伴侶的關係相處中，我們幾乎是一入凡塵必掉層，但修行仍需在凡塵。我們的人生就是在這起起伏伏的升降層級中，既完成自我修行，又完成對世界的服務，所以人生就是修用一體。「掉層」就是拿快遞，拿大禮包，但這是禮包，還是災難，取決於你是否有自我覺察。

處於高層級的人在「用」的同時也需要繼續「修」，每個人的層級畢竟是起伏波動的，任何人也不可能時時刻刻永遠在高層狀態，只有高層的狀態，沒有永遠高層的人，所謂高層級，只是他們掉層後彈回高層的速度更快，他們不會卡在低層，但任何人一旦墜落，必定仍然沿著他們本來類型的路線沉淪墜落，例如一個高層自保型的大師在掉層的時候一定是掉到自保型的一般層級，而不會墜落到一對一或者社群型的一般層級，所以高層的人是以「用」為主，以「修「輔「用」。

願我們都能用覺知之光好好愛自己，好好懂他人，知行合一，修用一體，整合三大本能，成長為幸福而智慧的「三棲明星」！

致謝

每一本書的完成，都是許多人共同努力、很多愛共同彙聚的結晶，這本書的創作對我是一個全新的挑戰，也得到了眾多貴人、朋友、學員的幫助和支持，在此我想表達發自內心的感謝！

首先要感謝我的好朋友王子文一直大力鼓勵我寫一本通俗、大眾化的性格書，她非常認可我「坐冷板凳」深耕十多年的九型人格和本能性格研究，但同時她認為僅僅靠專業化傳播無法惠及大眾，她從使命感的高度，多次建議我將本能性格「出圈」，去支持更多家庭、更多人的幸福。可以說，如果沒有她的感召，這本書的問世至少不會這麼快。同時我還要感謝著名心理學作家武志紅老師，在去年的一次會面中，武老師特別認可我的性格分析體系，並現身說法他自己的創作過程，鼓勵我將複雜、深奧的理論通俗化、普及化，從小眾到大眾。我在他們的鼓勵下，開始了這本書的創作。

我要特別感謝的是經王子文引薦的出版界大神、天演文化的吳燕恬老師，本書的策劃人，她非常看好本能性格的大眾化普及，並在百忙中親自負責本書的策劃。這本書是面向大眾的普及定位，需要把大量專業的學術內容通俗化，這對我來說是一個全新的挑戰！整個寫作過程中，我幾易其稿，大量內容需要推倒重來，多少次卡住，完全寫不下去，在燕恬老師的鼓舞和指導下讓我一次次「滿血復活」，最終得以完成本書的創作。

此外，還要特別感謝天演文化的林蔭在我寫作本書的兩年多的全程中，對本書創作進行了精細、持續的支持和回饋。同時，也要感謝天演文化團隊的陽陽等其他團隊成員對本書的大量積極支持和回饋。

我要特別感謝一直協助我創作完成本書的周虹老師，她以大眾讀者的視角，給予我寫作本書的大量架構布排建議和回饋意見，主持了這本書的無數次討論、徵集意見，以及花大量時間和精力做了逐章逐節的刪減，為本書的通俗化做了大量貢獻。此外，還要感謝九芒星導師班的陳揚在這本書的早期創作過程中的理論、案例的搜集、整理和編輯工作。

在本書寫作中，我也得到了九芒星九型人格體系的老學員和廣大九型人格愛好者的支持。他們現身說法，無私地為本書提供了真實、生動的真人案例，並為本書的一次次修改和完善提供寶貴建議，為本書的完善作出了重要貢獻。我列出他們的名單，以表感謝！

自保型部分——鮑俊伊、王將、尤揚、劉大鵬、周志娜、王樂凱、朱傑、朱旻、馬麗、周豔、閻渝錦等。

一對一型部分——吳文苑、許肖楠、李滄海、周穎、張浩、鄔吳丹、胡娟、林麗、張燕、王瑞珍、劉志玲、馮紹茹、劉媛、李光梅、崔萍、楊曉豔、吳妍臻、孫立霞、洪海燕、歐琳娜、王方、李小紅、章淑豔、劉亞君、高爽、戴森、蔣倩等。

社群型部分——殷熔、劉立欣、肖泳霖、趙淑雅、陳美玲、王婷、程芳、謝佳瑜、王磊、孫武、杜麗君、周海東、羅廣偉、朱桂紅、孫洋、陳改霞、楊芳、謝諾亞、葛玲俠等。

當然，還有很多對本書創作作出直接和間接貢獻的人，名單難免疏漏，在此一併表達感謝！

最後，感謝本書的畫作者阿喬，她是一個聰慧、有創造力和富有靈氣的女孩，為這本書提供了很多有啟發性的豐富插圖，為本書增添了更多的視覺感受，增強了本書的可讀性和傳播效果。

最後，感謝所有支持、關注以及閱讀本書的朋友們，你們能受益於本書，將是我莫大的欣慰！

高寶書版集團
gobooks.com.tw

NW 288
本能性格人生通關全書：比九型人格、MBTI 更核心的性格型態，搞懂人性底層邏輯輕易化解困境

作　　者　裴宇晶
責任編輯　吳珮旻
封面設計　林政嘉
內頁排版　賴姵均
企　　劃　鍾惠鈞
版　　權　張莎凌

發 行 人　朱凱蕾
出　　版　英屬維京群島商高寶國際有限公司台灣分公司
　　　　　Global Group Holdings, Ltd.
地　　址　台北市內湖區洲子街 88 號 3 樓
網　　址　gobooks.com.tw
電　　話　（02）27992788
電　　郵　readers@gobooks.com.tw（讀者服務部）
傳　　真　出版部（02）27990909　行銷部（02）27993088
郵政劃撥　19394552
戶　　名　英屬維京群島商高寶國際有限公司台灣分公司
發　　行　英屬維京群島商高寶國際有限公司台灣分公司
法律顧問　永然聯合法律事務所
初版日期　2024 年 6 月

本書簡體字版名為《本能性格》，ISBN 9787121460715，由電子工業出版社有限公司獨家授權中文繁體字版本，僅限於中國香港、澳門和臺灣地區發行。

國家圖書館出版品預行編目（CIP）資料

本能性格人生通關全書：比九型人格、MBTI 更核心的性格型態，搞懂人性底層邏輯輕易化解困境 / 裴宇晶著 . -- 初版 . -- 臺北市：英屬維京群島商高寶國際有限公司臺灣分公司，2024.06
　面；　公分 .--

ISBN 978-986-506-982-7（平裝）

1.CST: 人格心理學　2.CST: 人際關係

173.75　　113006186